조선의
옷매무새 VI

의衣 문紋의 조선 옷

민 속 원

경기도박물관 개관 20주년 특별전

衣의 紋문의 조선 -옷-

The Costume and Pattern of Joseon Dynasty

총괄	전보삼관장
전시	
기획	김준권전시교육부장 정미숙
홍보물제작	허미형 조현이 허정애
전시지원	이성준 허미형 이지희 조현이
	이영은유물관리부장 전익환 허정애 홍미연 김주연 박정현
교육체험	심경보 조현이
영상제작	심경보 강예진
앱제작	허정문 김주승
전시조명	이석주
행정지원	박영휘 최용학 김충선
유물보존처리	정미숙 허정애 홍미연
전시디자인	(주)제이비컴
홍보디자인	디자인나눔
도록	
기획편집	정미숙 이지희 허정애
도판해설	정미숙 허정애
교정교열	정미숙 이지희 허정애
논고집필	박성실 장정윤 김영선
사진촬영	서헌강
편집인쇄	민속원

도움주신 분

자료 협조	유물 재현
국립민속박물관	최유현 국가무형문화재 제 80호. 자수장
단국대학교석주선기념박물관	구혜자 국가무형문화재 제 89호. 침선장
수원박물관	김해자 국가무형문화재 제 107호 누비장
송광사	강혜성
안동대학교박물관	김미영
충북대학교박물관	김영희
한국자수박물관	김지연
한국예다학연구소	박경숙
관모장 박성호	성연선
	신화숙
	장정윤
	유선희
	차귀미
	홍미연
	한인자

일러두기

1. 이 책은 2016 경기도박물관 개관 20주년 특별전인 조선의 옷매무새VI 〈衣의·紋문의 조선〉 (2016.11.11~2017.3.5)의 전시 도록이다.
2. 도록은 총 2권으로, 1권은 전시 유물과 논고를 수록하였고, 2권은 경기도박물관 소장 직물 무늬를 정리한 것이다.
3. 유물의 세부사항은 유물이름, 시기, 소재, 크기, 소장처·기증·위탁, 소장번호, 지정사항, 재현 순으로 정리하였다.
4. 자료의 크기 단위는 cm이며, 경기도박물관 소장품은 소장처를 기록하지 않았다.

목차

발간사

경기도박물관은 개관 20주년을 맞아 조선시대의 옷과 무늬를 주제로 하는 〈의衣·문紋의 조선〉 특별전을 마련하였습니다. 이번 전시는 그간 박물관에서 보유하고 있던 조선시대 출토복식 1400여 점을 바탕으로 이루어진 여섯 번째 특별전으로 매우 의미가 있습니다. 이러한 성과는 복식유물을 흔쾌히 기증해 주신 경기도 명문가의 호의가 있었기에 가능하였습니다. 자료를 기증해 주신 종중 여러분께 다시 한 번 깊은 감사를 드립니다.

이번 전시는 격식과 예로서 특별한 의미가 있는 단령, 원삼, 심의, 조복 그리고 실용과 멋을 겸한 배자에 초점을 맞추어 조명하였습니다. 1부에서는 '의례용 예복, 홍색 조복' 2부에서는 '공무용 예복, 흑색 단령' 3부에서는 '유학자의 예복, 백색 심의' 4부에서는 '여성의 예복, 녹색 원삼'을 조명하고 5부에서는 다양한 조끼형 옷인 '남녀 덧옷, 배자'를 선보였습니다. 또한 경기도박물관의 소장품 중 조선시대 직물류에 표출된 무늬를 통해 선조들이 추구한 아름다움과 염원을 살펴 볼 수 있도록 구성하였습니다.

이번 전시에서 특별한 점은, 대부분의 출토 복식유물이 그 본래의 색을 가늠하기 어려운데, 유물 고증에 의해 그 색이 재현되어 유물과 함께 전시할 수 있었다는 점입니다. 특히 우리나라 최고의 기능보유자인 국가무형문화재 제80호 자수장 최유현, 제89호 침선장 구혜자, 제107호 누비장 김해자 선생님과 그 외 침선과 자수 전문가인 강혜성, 김미영, 김영희, 김지연, 박경숙, 성연선, 신화숙, 장정윤, 유선희, 차귀미, 홍미연, 한인자 선생님의 큰 도움으로 전시를 내실 있고 아름답게 꾸밀 수 있었습니다. 진심으로 감사드리며 기증된 재현작품은 저희 박물관에서 소중히 관리하고 후손들에게 널리 활용될 수 있도록 최선의 노력을 다하겠습니다.

이번 도록은 1편〈의문의 조선 _옷衣〉, 2편〈의문의 조선 _무늬紋〉로 나누어 1편에서는 유물과 재현을 중심으로 2편에서는 전시에서 보여드리지 못한 의복 속에 표출된 다양한 무늬를 중심으로 살필 수 있도록 하였습니다.

끝으로 전시 진행을 위해 애써준 박물관 직원들과 특히 복식 유물의 보존처리부터 전시까지 많은 어려움에도 불구하고 열정을 보여준 복식보존처리실 담장자의 노고에 고마운 마음을 전합니다.

2016. 12
경기도박물관 관장
전 보 삼

1 의례용 예복
홍색 조복

Official's Ceremonial Attire,
Red Jobok

조복朝服은 붉은색의 조복과 금색의 양관이 선명하게 조화를 이루어 위용을 갖춘 옷으로, 관원의 예복 중 가장 화려한 정장이다. 국가적인 경사나 새해 첫날, 동지, 매월 초하루, 보름, 왕·왕비·왕세자의 생일 등에 거행한 축하 의식에 예복으로 입었다.

조선 전기에는 1~9품의 모든 관리가 조복을 입었으나, 임진왜란 이후 효종 대에 이르러 1~4품까지의 관리만 입고, 5품 이하의 관리는 흑단령을 입도록 차츰 바뀌어 영조대에 법제화되었다.

조복은 양관梁冠, 의衣, 상裳, 중단中單, 대대大帶, 혁대革帶, 폐슬蔽膝, 후수後綬, 패옥佩玉, 홀笏, 말襪, 리履 혹은 화靴로 구성되어 있다.

*Jobok*朝服 was the most formal and splendid attire for officials. The harmony of red and gold color reflected its beauty and dignity. Officials wore the special costume on national events such as royal ancestral rites, New Year's Day, on the winter solstice, and on the promulgation of royal edicts.

The attire consisted of more than 10 items: *Yang-gwan*[양관梁冠], *Eui*[의衣], *Sang*[상裳], *Jung-dan*[중단中單], *Pye-seul*[폐슬蔽膝], *Su*[수綬], *Dae*[대帶], *Pae-ok*[패옥佩玉], *Mal*[말襪], *Hwa*[화靴], *Hol*[홀笏], etc.

조복 朝服

Jobok, Official's Ceremonial Attire

조선 17세기
경기도 남양주시 권우1610~1675 묘 출토
안동권씨 충숙공파 기증
재현 최유현 국가무형문화재 제80호 자수장
　　　김영희자수장 조교·장정윤·박경숙

의衣 무문단 | 길이 107 화장 125 품 66.5

상常 무문단 | 치마허리 109 길이 90.5

대대 人帶 화문단 | 신紳 76.5 너비 8.1

폐슬 蔽膝 무문단/무문단 | 가로 33.2 세로 57.6

후수 後綬 문문단/무문단 | 가로 33 세로 71

조복은 나라의 큰 행사를 할 때 착용하는 옷으로, 권우 묘에서는 의, 상, 폐슬, 후수, 대대가 일습으로 출토되었다. 조복은 출토유물로 발견 사례가 적기 때문에 복식사 연구에 있어 의미가 크다.

의는 적색 상의로 소매가 넓고 옆이 트여 있으며 깃·도련·수구에는 청색 또는 흑색 선을 둘렀다. 기록에 의하면 직물은 적라, 적초 등의 성근 비단 소재이지만 이 유물은 촘촘한 비단을 사용하였다. 상의의 구성은 홑으로, 깃은 깎은 목판깃이며 동정은 기하무늬 바탕에 꽃무늬가 있는 비단을 사용하였다. 소매가 넓고 진동 아래 옆이 트여 있다. 고름이 있으며 뒷길 진동 아래에 대대를 거는 고리가 있다.

상은 적색 치마로 의衣의 받침옷인 중단中單을 입은 다음 상을 입고 의를 입는다. 무늬 없는 비단으로 만들었고 끈은 명주이다. 치마의 가장자리에 청색 또는 흑색의 비단을 부착하였다. 치마의 앞쪽 너비가 101.5cm, 뒤쪽이 165cm로 앞뒤 2cm를 겹쳐 한 허리에 달았다.

허리띠인 대대는 세 조각으로 나뉘어 있었는데, 본래 ⊓ 형태이었을 것으로 생각된다. 대대 바깥쪽의 박음선 사이에 0.1cm 너비의 좁은 장식선을 끼워 넣어 가는 선처럼 보인다. 대대 상부 양쪽에 달린 끈을 허리에 두른 후 앞쪽에서 묶는 형태이다.

앞쪽에 늘어뜨리는 폐슬은 뒤쪽에 늘어뜨리는 후수와 한 허리끈에 꿰어져 있었다. 폐슬은 불교적 의미가 있는 10개의 보배무늬를 수놓았는데, 관리의 폐슬에 수가 있는 유일한 유물로 주목된다. 이후 폐슬은 차츰 간소화되어 형식적으로 상의의 가슴 부분에 꿰매 달면서 '폐흉'이라 하였다. 후수는 2쌍의 새와 그 사이 구름무늬를 배치하여 수놓았는데 머리에 장식 깃털이 특징인 노사鷺鷥:백로가 수 놓인 것은 특이한 사례로 볼 수 있다. 후수의 맨 아래에는 망을 짜 장식하였다.

의衣

상常

대대大帶

폐슬蔽膝 · 후수後綬

002 금관 金冠
Geumgwan, Official's Coronet

비단에 옻칠 | 둘레 55 직경 16.5 높이 20
제작·소장 박성호 관모장

금을 입힌 관이라 하여 '금관'이라 하고 조복과 함께 '금관조복'이라 한다. 또는 머리부분에 세로금선인 양梁이 있어 '양관'이라고도 한다. 형태는 관 앞면의 머리 둘레 부분, 양梁이 있는 머리를 덮는 부분, 비녀인 목잠木簪, 관끈인 영纓으로 이루어져 있다. 검은색 관 중앙에 붙어 있는 세로선의 장식인 금선은 수에 따라 품계의 차이가 있는데 『경국대전』1485에 1품은 5량, 2품은 4량, 3품은 3량, 4~6품은 2량, 7품 이하는 1량으로 규정하였으나 선조대에는 5량과 3량의 두 등이 있었다는 것으로 보아 조선후기에는 규정대로 이행된 것은 아니었을 것으로 짐작된다. 이 양관은 현대에 제작한 것이다.

단령團領은 둥근 깃 모양을 따서 부른 이름이다. 조선시대 관리의 업무복으로 착용하였으며, 민간에서는 특별히 혼례복으로도 착용하였다. 착용할 때에는 사모紗帽, 품대品帶, 화靴를 갖춰 격식과 화려함을 더하였다.

세종 28년1446 국정을 의논하는 중요한 회의에 검게 염색한 흑색 단령을 입도록 하면서 국가에서 규정하고 있는 특정 의례에는 흉배가 있는 흑색 단령을, 일상 업무에서는 흉배가 없는 홍색 단령을 입도록 하였다.

그리고 고종 21년1884 갑신정변으로 인한 의복제도의 개혁 때 관리복장을 간소화하면서 흑단령만을 입었으나, 1900년에는 단령식 관복을 없애고, 서구식 관복을 받아들였다.

Dallyeong is named after a round collar shape. It was an official's daily uniform, but non-officials also wore it as their bridal wear during the Joseon dynasty. The attire consisted of *Dallyeong*, *Samo*[사모紗帽], *Poomdae*[품대品帶], and *Hwa*[화靴]. The general public were not allowed to wear this robe, but they could especially wear it during their wedding ceremony.

In discussing affairs of the state in the reign of 28 years of King Sejong, black Dallyeong was considered more formal compared to red Dallyeong. *Hyungbae*[흉배胸背] - insignia attached to the chest and back of the officials's everyday uniform - was attached only to black Dallyeong to indicate wearer's rank.

According to *Gab-sin-ui-je-gae-hyeok*[갑신의제개혁甲申衣制改革] - dress reform carried out in May 1884, the 21st year during the reign of King Gojong - only black Dallyeong was to be allowed to wear and red Dallyeong was no longer allowed. In 1900, officials' everyday uniform was changed into the western-style official uniform.

유순정 초상 柳順汀 肖像

Portrait of *Yu Sun-jeong*

조선 1720년 | 유순정 1459~1512
비단에 채색
전체너비 119 전체길이 263 가로 99.8 세로 188
10972 | 경기도 시도유형문화재 제209호

1487년 진사로 별시 문과에 장원으로 급제
하였다. 유순정 초상은 중종 1년[1506] 중종반
정에 공을 세워 정국공신 책록 시 제작한 것
을 1720년에 다시 이모한 초상으로, 당시의
공무용 흑단령 차림이 잘 반영된 모습이다.
사모는 모정이 앞으로 굽어 있고 양각은 옆
으로 길며 구름무늬가 선명하다. 단령은 짙
은 청색 바탕에 구름무늬가 있으며 가슴에
는 금색으로 표현한 '공작흉배'가 있다. 단령
의 목선은 올라가 있고 소매는 폭이 좁으며
옆 자락의 무가 사선으로 처져있다. 단령의
옆트임 사이로 홍색 답호 역시 구름무늬가
있으며 그 안으로 연꽃넝쿨무늬의 녹색 철
릭이 보인다. 허리에는 1품용 서대를 착용하
였으며 흑화를 신었다.

사모紗帽

공작흉배孔雀胸背

구름무늬

무 옆트임

009 백한흉배 白鵬胸褙

Hyungbae, Insignia on the Breast and Back

조선 16세기 후반
경기도 양평군 연안김씨 묘 출토
금선 | 가로 30 세로 29
남양홍씨 예사공파 기증 | 8201

연안김씨 묘에서 출토된 백한흉배로, 둥글게 말려 있는 상태로 출토되었다. 『경국
대전』[1485]에서는 백한흉배를 문관 3품으로 규정하였다. 중앙에는 위아래로 한 쌍의
백한이 마주 보고 있으며 백한은 좌우 날개를 활짝 펴고 여섯 가닥의 꼬리를 물결
모양으로 도안하였다. 백한의 윗부분에는 구름, 좌우에는 모란, 아랫부분에는 물
결, 삼산, 여의형구름으로 채웠다. 흉배는 편금사로 문양을 넣어 짠 고급 직물을 사
용하였다.

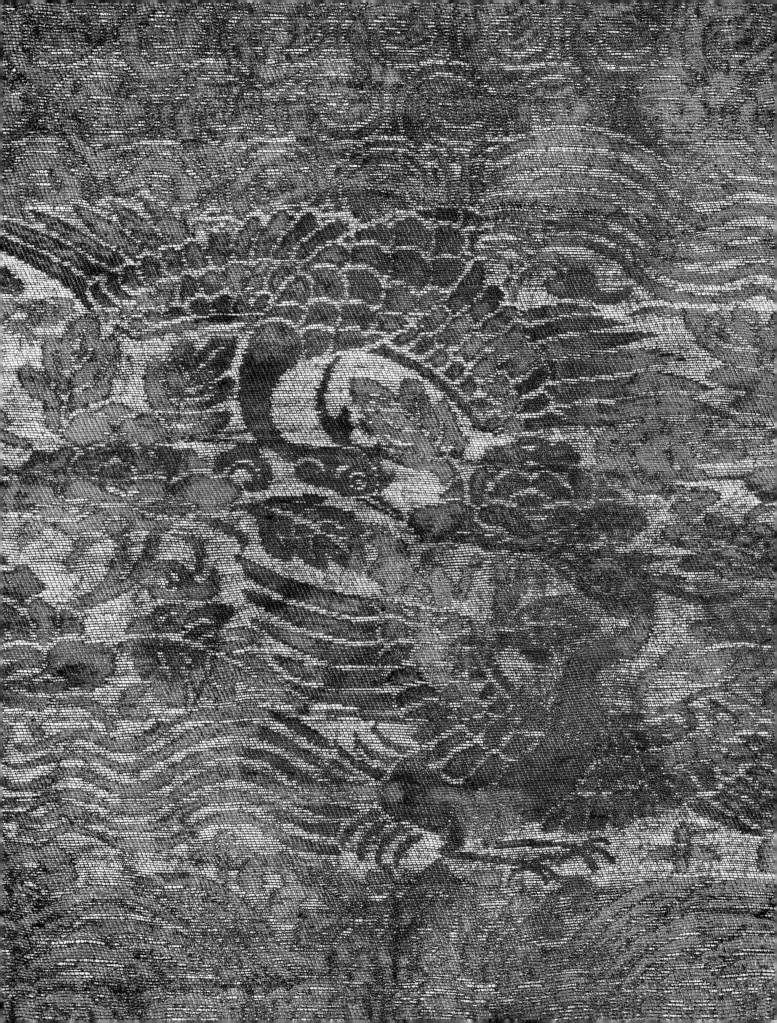

010 단령 團領

Dallyeong, Official Robe

조선 16세기
경기도 남양주시 선성군 이흠1522~1562 묘 출토
운문단 | 길이 144 화장 127.5 품 75
전주이씨 건성군파 기증 | 11003
재현 허정애

구름보배무늬 비단으로 만든 홑 단령으로 겉섶 하부, 안길과 오른쪽 소매가 소실되어 보수되었다. 가슴과 등 부분에는 흉배가 달린 시침실 흔적이 남아있다. 깃 너비가 좁고 목 파임이 얕으며 소매 배래는 수구로 갈수록 좁아진다. 옆 자락의 무는 안으로 작은 주름을 밖으로 큰 주름을 잡은 후, 큰 주름의 윗부분을 안쪽으로 약간 사선으로 접었다. 1500년대 후반의 전형적인 단령의 형태를 지니고 있다. 선성군은 조선 제9대왕 성종의 왕자인 건성군의 손자이다.

011 단령 團領

Dallyeong, Official Robe

조선 17세기
경기도 포천군 김확1572~1633 묘 출토
주/초 | 길이 137 화장 127.5 품 58
안동김씨 별제공파 기증 | 6507
재현 채귀녀

무늬 없는 명주로 만들었다. 색상은 공무용 단령에 사용하는 짙은 청색이 많이 남아있다. 단령의 가슴과 등에는 가로 38cm, 세로 34cm의 '백한白鵬흉배'를 부착하였는데 백한흉배는 당시 문관 당상관 3품에 해당한다. 소매는 진동이 좁고 소매 폭이 넓은 곡선 형태의 배래이다. 옆 자락의 무는 위쪽이 사선져 양옆으로 뻗어 있으며 겨드랑이 쪽으로 거의 붙는 17세기 초반 단령의 특징이 확인된다. 김확은 1629년 상의원정 尙衣院正을 거쳐 철원부지사를 지냈다.

백한흉배白鵬胸背

012 이중로 초상 李重老 肖像

Portrait of *Yi Jung-Ro*

조선 1623년 | 1577~1624
비단에 채색
전체너비107 전체길이227 가로 94 세로 169
4662 | 보물 1174-2

1605년 무과에 급제하여 훈련도감낭청, 1621
년 이천부사가 되었다. 1623년 인조반정에
참가한 공으로 정사공신靖社功臣 2등에 녹훈되
어 그려진 초상이다. 사모는 모정이 낮고 양
각은 넓으며 구름보배무늬가 선명하다. 구
름무늬가 있는 흑색 단령은 깃 너비가 넓고
목선이 올라갔다. 옆 자락 무는 겨드랑이 아
래에서 사선으로 뻗어 뒤쪽을 향하며 옆트임
사이로 청색의 직령이 보인다. 가슴에는 무
관용 '해치獬豸흉배'가 있고 그 아래 '학정대鶴
頂帶'를 착용한 모습이다. 해치는 옳고 그름을
판단하여 벌한다는 상상의 동물로『경국대
전』에 문관 대사헌의 흉배로 제정되었으나
임란 후 종2품 무관의 흉배로 사용된 것을 확
인할 수 있어 당시 오위도총부부총관, 포도
대장을 지낸 이중로의 품계와 일치한다.

013 유순익 초상 柳舜翼 肖像

Portrait of *You soon ik*

조선 1624 | 유순익1559~1632
비단에 채색
전체너비 116.4 전체길이 262 가로102 세로 187.7
6834

1599년 별시문과에 병과로 급제하였다. 1623년 인조반정 때 정사공신靖社功臣 3등에 녹훈되고 청천군菁川君에 봉해졌다. 사모는 모정이 낮고 양각은 넓으며 구름무늬가 선명하다. 구름무늬가 있는 흑색 단령은 깃 너비가 넓고 목선이 올라갔다. 옆 자락 무는 거드랑이 아래에서 사선으로 뻗어 뒤쪽을 향하며 옆트임 사이로 녹색의 직령이 보인다. 흉배는 문관 2품용 '운안雲雁흉배'와 '학정대鶴頂帶'를 착용한 모습으로 강원도관찰사를 역임했던 그의 품계와 일치 한다.

014 황진 초상 黃縉 肖像

Portrait of *Hwang Jin*

조선 17세기 | 황진 미상
비단에 채색
전체너비 119.8 전체길이 240 가로105 세로 172
5179 | 경기도 시도유형문화재 제2119호

판관^{判官}을 지낸 바 있었으며 1627년 유효립
柳孝立의 모반을 고변한 공으로 아버지인 황
성원黃性元과 함께 영사공신寧社功臣 2등에 봉
해져 그려진 초상이다. 사모는 모정이 낮고
양각은 넓으며 구름보배무늬가 선명하다.
구름무늬가 있는 흑색 단령은 깃 너비가 넓
고 목선이 올라갔다. 옆 자락 무는 겨드랑이
아래에서 사선으로 뻗어 뒤쪽을 향하며 옆
트임 사이로 녹색의 직령이 보인다. 가슴에
는 문관 3품에 해당하는 '백한白鷳흉배'와 모
란무늬가 있는 '삽은대鈒銀帶'를 착용한 모습
이다. 단령감은 흑색 구름무늬 비단을 표현
한 것이다.

015 단령 團領

Dallyeong, Official Robe

조선 17세기
경기도 남양주시 권우1610~1675 묘 출토
운문단/운문단 | 길이 134 화장 131.5 품 66
안동권씨 충숙공파 기증
재현 차귀미·강혜성

겉감은 구름보배무늬 비단, 안감은 구름무늬 비단이 사용되었다. 오랜 기간 무덤 안의 환경에 의해 본연의 색을 잃은 상태로 청색이 일부 남아 있다. 단령의 가슴에는 가로36cm, 세로37.5cm의 '운학雲鶴흉배'를 부착하였다. 그의 무덤에서는 '가선대부嘉善大夫…'라고 적힌 명정이 확인되었는데 단령의 '운학흉배'는 종2품 문관의 당상관용으로 부착한 것임을 알 수 있다. 옆자락 무의 상단이 뒤쪽에 부착된 흔적은 확인되지 않으나 오른쪽 길에 고름을 달 때 옆자락 무를 한꺼번에 잡아 달았기 때문에 무가 자연스럽게 뒤로 향한다. 이는 18세기 옆 자락의 무가 뒤쪽에 고정되기 전의 과도기적인 현상으로 보아진다.

겉감_운보문단雲寶紋緞

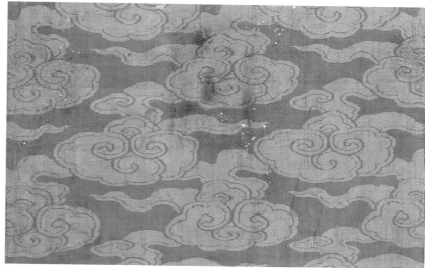

안감_운문단雲紋緞

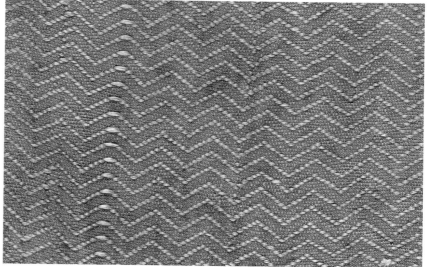

동정_기하문주幾何紋紬

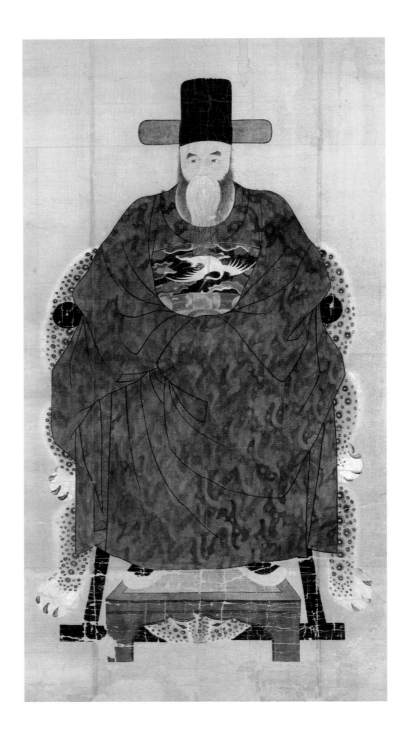

016 박세채 초상 朴世采 肖像

Portrait of *Bak Se-chae*

1800년대 전후 | 박세채(1631~1695)
비단에 채색
가로73.5 세로175
5396 | 경기도 시도유형문화재 제163호

조선 중기의 문신인 남계 박세채는 이조참판·우찬성·우의정을 지냈고, 영조 대에 탕평의 원칙을 짜서 당쟁의 갈등을 해소하는데 노력한 대표적인 문신이다. 사모는 모정이 높으며 양각에는 성근직물 2장을 겹쳐 자연스럽게 생긴 물결무늬^{무아래}가 표현되었다. 현록색 단령은 목선은 내려와 있고 소매는 넓어 무릎 아래까지 쳐져 있다. 옆트임 사이로 청색직령이 보인다. 직물은 사선배열의 구름과 보배무늬가 있는데 구름선이 길고 보배무늬는 간략하게 표현하였다. 운학흉배는 한 마리의 학이 하향하는 모습이며 나머지 공간에 오색의 구름이 있고 아래에는 무지개 모양의 물결을 표현하였다. 품대는 1품용 서대를 표현한 것으로 보인다.

운학흉배雲鶴胸背

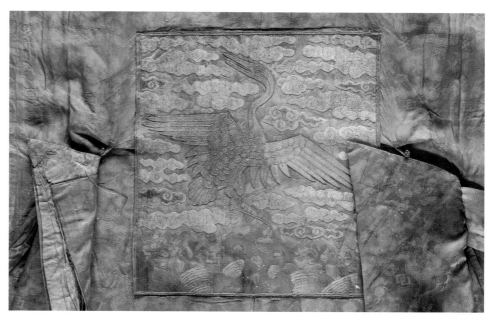

뒤에 부착된 '무'의 모습

018 단령 團領

Dallyeong, Official Robe

조선 18세기
경기도 파주시 심익창1652~1725 묘 출토
초/초 | 길이 130 화장 121.5 품 60
청송심씨 인수부윤공파 기증 | 7502

무늬 없는 비단으로 만든 단령으로, 무문단에 그림을 그려 만든 가품대假品帶가 함께 수습되었다. 단령의 가슴과 등에는 가로 36cm, 세로 35cm의 '백한白鷴흉배'를 부착하였다. 그의 명정에 '통훈대부행성천도호부사通訓大夫行成川都護府使'라 적고 있어 품계가 정3품 하계의 당하관이었음을 알 수 있다. 단령 안에는 직령이 겹쳐 있는 상태로, 고름·무·도련이 함께 꿰매져 있으며 무는 뒤로 접어 매듭으로 고정하였다. 심익창은 효종대영의정을 지낸 심지원1593~1662의 4남이다.

뒷무 고정을 위한 매듭

019 유수 초상 柳綏 肖像

Portrait of *Yu Su*

조선 1726 이후 | 유수 1678-1756?
비단에 채색
전체너비105 전체길이246 가로90.5 세로167.5
10969 | 보물 제1176호

1712년 문과에 급제, 1724년 통정대부가 되었다. 이 초상은 영조 2년¹⁷²⁶ 동래부사로 있을 때 진재해가 그린 것으로 알려져 있다. 사모는 모정이 높고 양각에 성긴직물 2장이 겹쳐 생긴 물결무늬^{무아레}가 표현되었다. 구름보배무늬가 있는 현록색 단령은 깃이 17세기 단령에 비하여 목선이 내려왔다. 옆 자락 무는 18세기 이후 뒤로 돌려 고정하였기 때문에 더는 보이지 않는다. 옆트임 사이로 청색의 직령이 보인다. 가슴에는 문관 정3품의 '백한^{白鵬}흉배'와 '삽은대^{鈒銀帶}'를 착용한 모습으로 그의 품계와 일치한다.

畫像自黃

老檟
操心忍性
筮仕科第
傲骨骯髒
不阿於世

020 오명항 초상 吳命恒 肖像

Portrait of *O Myeong-hang*

조선 1728년 | 오명항1673-1728
비단에 채색
전체너비124.5 전체길이246 가로105.5 세로173
위탁71 | 보물 제11779호

1705년 문과에 급제, 1727년 이조판서와 병
조판서를 역임하고 1728년에 이인좌의 난을
진압한 공으로 분무공신奮武功臣 1등으로 해
은부원군海恩府阮君에 봉해지고 이어 우의정
에 발탁되었다. 사모는 모정이 높고 양각에
성근직물이 겹쳐 생긴 물결무늬무아레가 표현
되었다. 구름보배무늬가 있는 현록색 단령
은 깃이 17세기 단령에 비하여 목선이 내려
왔다. 옆 자락 무는 18세기 이후 뒤로 돌려
고정되었기 때문에 더는 보이지 않는다. 옆
트임 사이로 청색의 직령이 보인다. 가슴에
는 당상관용 '운학雲鶴흉배'와 1품용 '서대犀
帶'를 착용한 모습이다.

김중만 초상 金重萬 肖像

Portrait of *Gim Jung-man*

조선 1700년대 | 김중만1681~1755
비단에 채색
전체너비177 전체길이 213 가로 58.6 세로 128.8
6503

1712년 무과에 급제, 1728년 이인좌의 난을
평정한 분무공신에 책봉된 뒤 가의대부에 올
랐으며 공조판서 겸 오위도총부총관, 충청도
수군절도사를 지냈다. 구름보배무늬가 있는
옅은 녹색 단령에 가슴에는 무관용 '사자獅子
흉배'와 그 아래 '학정대鶴頂帶'를 착용한 모습
이다. 사자흉배는 단종2년¹⁴⁵⁴ 흉배제도 시행
시 도통사의 흉배로 정하였으나 17~18세기
이후에는 주로 무관의 종2품용 흉배로 사용
된 것이 확인된다. 때문에 김중만의 사자흉
배와 학정대는 그의 품계와 일치함을 알 수
있다.

022 홍명호 초상 洪明浩 肖像

Portrait of *Hong myeong-ho*

조선 1799년 | 홍명호1736~1819 |
비단에 채색
전체너비 91.9 전체높이 176 가로 84 세로 128.8
홍기일 기증 | 11382

18세기 말 당상관의 공무용 단령차림을 확
인할 수 있는 초상으로, 화면 오른쪽 위에
"손암 64세상, 기미년 음력 8월 심기의 세심
재에서 모사하다. 75세인 경오년에 스스로
쓰다"라고 적혀 있어 64세인 1799년에 그린
그림에 75세인 1810년에 기록한 것임을 알
수 있다. 사모의 모정이 높고 양쪽의 각에 무
늬가 있다. 단령은 구름무늬가 있는 짙은 녹
색으로 가슴에는 '쌍학흉배'가 있는데, 이는
문관 당상관을 상징한다. 흉배 속의 쌍학은
주로 영지를 물고 있지만 홍명호 초상에서
는 복숭아 가지를 물고 있는 것을 확인할 수
있다. 소매는 넓고 옆 자락의 무는 뒤쪽으로
고정하였다. 단령의 옆트임 사이로 남색 직
령이 보인다. 허리에는 정2품용 삽금대를 착
용하였으며 흑화를 신었다.

사모紗帽

쌍학흉배雙鶴胸背 · 삽금대銀帶

구름보배무늬

옆트임 · 흑화黑靴

심환지 초상 沈煥之 肖像

Portrait of *O Sim Hwan-ji*

조선 1800초 | 심환지 1730~1802
비단에 채색
전체너비 103 전체길이 213.5 가로 89.2 세로 149
5403 | 보물 제1480호

1771년 문과에 급제, 1798년 우의정, 1800년
영의정에 올랐다. 초상화 상단에 영의정문
충공만포심선생진領議政文忠公晚圃沈先生眞 이라
고 쓰여 1800정조24에 영의정이 된 이후의 초
상으로 보고 있다. 사모는 모정이 높고 양각
이 18세기 보다 더 둥글해 졌다. 구름보배무
늬가 있는 현록색 단령은 깃이 18세기 보다
목선이 더 내려왔다. 옆트임 사이로 구름보
배무늬가 있는 청색의 직령과 그 안으로 무
늬없는 옥색의 포가 보인다. 가슴에는 당상
관용 '쌍학雙鶴흉배'를 허리에는 1품용 '서대
犀帶'를 착용한 모습이다.

024 강이오 초상 초본
姜彝五 肖像 草本

Sketch for Portrait of *Gang i-o*

조선 후기 | 강이오1788~?
종이에 채색 | 가로 40.5 세로 58
5182

종이에 먹으로 그린 반신상으로, 당시 무관의 단령 차림을 확인할 수 있는 자료이다. 강이오는 시·서·화로 유명한 강세황1713~1791의 손자로, 화면 왼쪽에 조선 후기 화원인 이재관1783~1837의 낙관이 찍혀 있다. 약간 높은 사모의 양각에는 무늬가 있으며 사모 아래로 망건이 드러나 보인다. 단령에는 당상관 무관임을 알 수 있는 '쌍호흉배'가 있다. 그러나 그가 무과에 등제하였으며 벼슬은 군수를 지냈다는 기록만으로 본다면 군수는 종4품으로 당하관에 해당하기 때문에 '단호흉배'를 달아야 하며 품대는 소은대를 착용해야 한다.

025 사모 紗帽

Samo, Official Hat

조선 19세기
비단에 옻칠 | 지름 15.6 높이 19
747

단령을 입을 때 쓰는 관모이다. 사모의 형태는 앞이 낮고 뒤가 높으며 뒤에는 좌우로 두 개의 각角이 있는 모양이다. 시대에 따라 모정帽頂의 높이와 양각의 형태가 달랐다. 조선 전기에는 모정이 낮고 양각이 길고 아래를 향하였으나 조선 후기에는 모정이 높으며 양각이 짧고 수평을 이룬다. 『속대전』1746에는 당상 3품 이상은 무늬 있는 비단으로 만든 문사각紋紗角, 당하 3품 이하는 무늬 없는 비단으로 만든 단사각單紗角을 사용하도록 규정하였다.

단령 團領

Dallyeong, Official Robe

조선 19세기
경기도 하남시 이연응1818~1879 묘 출토
운문사/운문사 | 길이 129.5 화장 101 품 50
전주이씨 인평대군파 기증 | 4961
중요민속문화재 제1830호

겉·안감을 구름보배무늬 비단으로 만든 단령으로, 전형적인 조선 후기의 단령 형태를 지니고 있다. 목 파임이 깊고 옆 자락의 무는 사선으로 접어 뒷길에 꿰매서 고정하였으며 진동 밑 부분에는 품대를 고정하기 위한 고리와 끈이 달려있다. 단령과 그 안의 직령을 부분적으로 4겹 바느질하였다. 이연응은 정2품의 관직인 한성부판윤, 예조판서 등을 역임하였다.

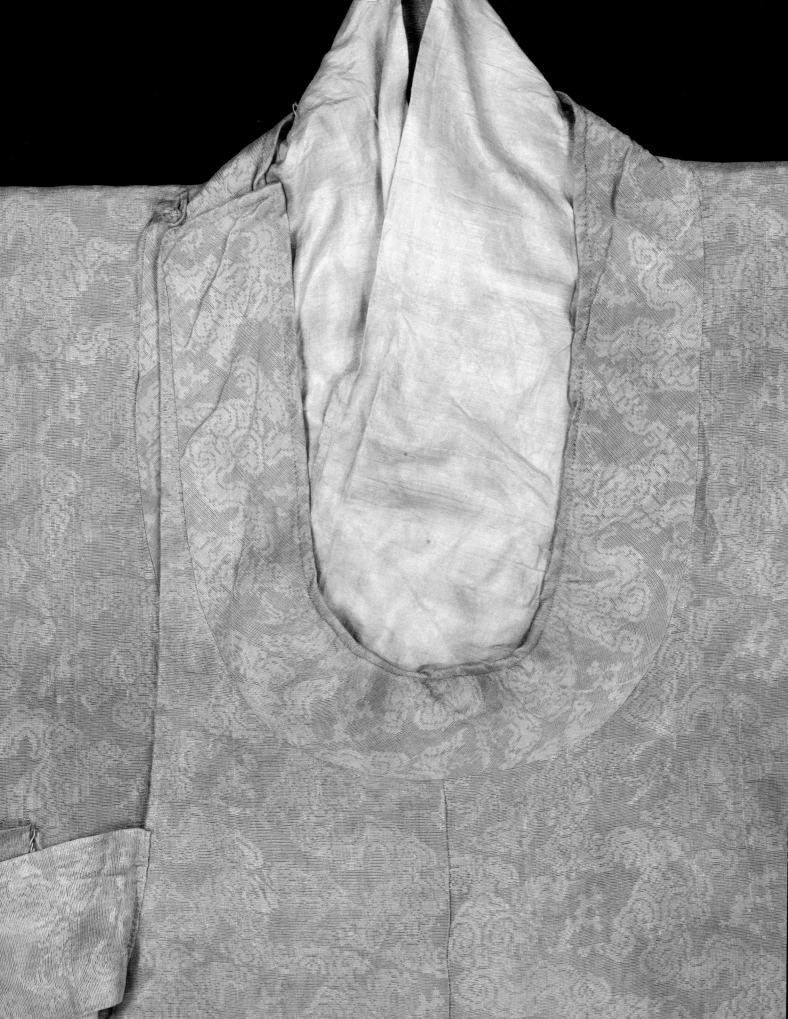

027 단학흉배 單鶴胸背

Hyungbae, Insignia on the Breast and Back

조선 19세기 후반
비단에 자수 | 가로 20 세로 22
7962

조선 후기 문관의 흉배제도는 당상관 쌍학, 당하관 단학으로 구분하였다. 이와 관련한 가장 이른 기록인『상서기문』[1794]에서 당상 3품 이상은 '쌍백학', 당하 3품 이하는 '독학흉배'를 사용한다고 하였다. 이러한 흉배 제도는 정조 말년 이후 시행된 것으로 보인다. 한 마리의 학이 영지를 물고 있으며 학의 주위를 구름으로 채웠다. 아랫부분에는 물결, 삼산, 영지, 산호, 괴석이 있는데 괴석에 만자, 아Y자가 있는 원형 무늬가 있다.

028 **쌍학흉배** 雙鶴胸褙

Hyungbae, Insignia on the Breast
and Back

조선 19세기 후반
비단에 자수 | 가로 18 세로 20.5
1662

조선 후기의 문관 당상관이 착용하는 쌍학흉배로, 운문단 위에 다채로운 색으로 무늬를 수놓았다. 두 마리의 학이 한 개의 영지를 물고 위아래로 배치되어 있다. 학의 주위로 구름을 가득 채웠으며 아랫부분에는 물결, 삼산, 파도, 산호, 불로초가 있으며 삼산 중앙에 엽전 모양의 전보錢寶무늬가 있다.

3 유학자의 예복
백색 심의

Confucian Scholar's Ceremonial
Robe, White *Sim-ui*

심의深衣는 유학자의 상징적인 옷으로, 상의인 저고리와 하의인 긴 치마가 연결되어 길이가 발목에 이르는 형태이다. 깃의 모양은 직선으로 곧게 내려와 서로 교차하여 입는 직령直領과 깃 모양이 네모진 방령方領으로 나뉜다. 직령은 『주자가례』를 바탕으로 제작되어 조선 중·후기에 널리 사용하였고, 방령은 경전에 대한 독자적인 해석을 통해 새롭게 제작되어 주로 남인계 학자들이 착용하였다. 재료는 무늬 없는 소박한 직물인 명주, 모시 등을 사용하였다.

심의의 각 부분은 저마다 유학적 상징을 담고 있는데, 하의는 12달의 12폭으로 제작하였고 둥근 소매는 예를 표하며 곧은 깃과 선은 바른 정치와 의리를 나타낸다.

심의와 함께 착용하는 모자로 17세기 예서인 『상례비요』에서 '복건'을 제시하였으나, 후기에는 정자관, 동파관, 치포관 등 다양한 관모를 사용하였다. 신은 주로 목이 없는 리履를 신었다.

Sim-ui, the symbol of confucian scholar, had a separate upper bodice part and a lower skirt part that were stitched together in one piece and reached the ankle. There were two types of Sim-ui: one with a straight collar[직령直領], and another with square collar[방령方領]. *Sim-ui* was made of unsophisticated fabric, such as plain ramie or plain silk.

Every part of *Sim-ui* had confucius meanings: 12 pieces of the lower skirt part express the 12 months, round sleeves, courtesy, straight lines of collars and edges symbolize justice and loyalty.

Hats for this garment varied: *Bok-geon*[복건幅巾], *Jeong-ja-gwan*[정자관程子冠], *Dong-pa-gwan*[동파관東坡冠], etc. Flat shoes[*Ri*, 리履] were worn with this garment commonly.

029 심의 深衣

Sim-ui, Confucian Scholar's Robe

조선 17세기
경기도 포천군 김확1572~1633 묘 출토
심의 모시 | 길이 135 화장 118 품 90
대대 모시 | 길이 350 너비 10
복건 무문단 | 길이 63 너비 53
버선 면포 | 전체길이 54.5 발길이 24.5
신 견사 | 발길이 27.5 바닥지름 9 축길이 6.5
안동김씨 별제공파 기증
6509 · 6510 · 6552 · 6554 · 6557
재현 구혜자 국가무형문화재 제89호 침선장

출토 당시 심의, 복건, 대대, 버선, 신을 수의로 착용하였다. 원래는 백색 모시를 사용하였으나 푸른색으로 이염된 것으로 보고있다. 옷의 가장자리에는 명주가 사용된 검은색 선이 있으며 양 깃의 끝에 고름이 있다. 심의는 두 깃이 마주 보는 모양이며 입을 때에는 두 깃을 서로 교차하여 입는다. 심의의 치마는 총 12폭을 쌈솔로 연결하였으나 앞·뒤 옆선의 연결 솔기만 시접을 한 번 더 감싸서 바느질하여 바느질 솔기가 겉에 있다. 허리에 매는 큰 띠는 가장자리에 검은 선 장식이 있다.
머리에는 검은색 비단으로 만든 복건을 착용하였다. 복건은 정수리 양옆으로 맞주름을 잡았으며 정수리로부터 19cm 내려온 지점에 끈을 달았는데, 뒤로 넘겨 뒤통수아래에서 묶는다.

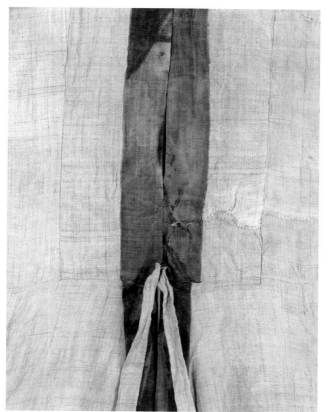

깃·고름

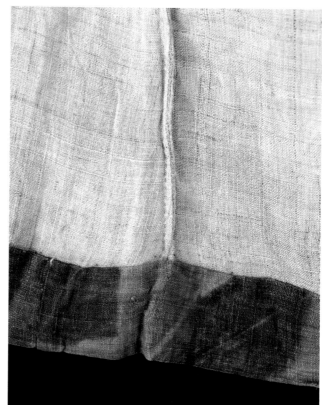

치마훗_옆솔기

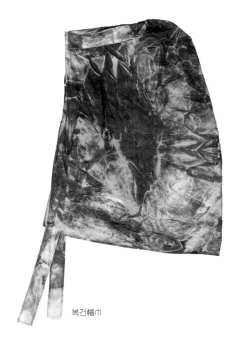

복건幅巾

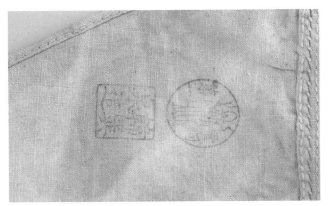

버선의 도장 부분

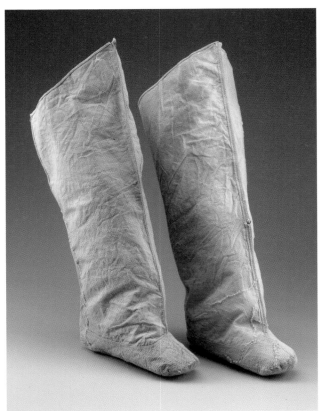

버선襪

습신履

032 허전 초상 許傳 肖像

Portrait of *Heo Jeon*

조선 1873년 | 허전1797~1886
비단에 채색
전체너비 84.5 전체길이 182 가로 71.5 세로 136
이택당 물산영당 기증 | 6837 | 보물 제1728호

허전은 『사의』를 저술하여 남인이 제시한 방
령의 심의제도를 이어갔는데, 이 초상화는
『사의』에 제시한 심의제도를 잘 묘사하고 있
다. 심의는 방령 깃으로 흰색의 가는 베로 만
들었으며 깃, 섶, 도련, 수구에는 검은 비단
으로 장식하였다. 허리띠는 흰 비단에 검은
비단으로 가장자리를 두른 형태로 허리에
묶어 늘어뜨렸다. 머리에는 가는 검은 베로
만든 치포관을 썼고 좌우에 청색 끈을 달아
턱밑에서 묶었다. 신발은 목이 없는 검은색
신인 흑리를 신었다.

치포관緇布冠

대대大帶

흑리黑履

033 심의 深衣

Sim-ui, Confucian Scholar's Robe

조선 20세기
심의 면포 | 길이 112 화장 83 품 52
763

깃은 네모형태의 방령이며, 섶이 있고 진동과 수구의 아랫부분 배래만 자연스럽게 곡이 진 두리소매 형태이다. 치마는 총 12폭을 이었다. 깃, 섶, 도련, 수구의 가장자리에 검은색 선을 둘렀다. 옷의 크기가 작고 면포의 폭 너비가 크기 때문에 길과 소매의 연결 솔기가 진동선이 아닌, 소매 중간 부분에 위치한다. 겉깃은 고름 없이 매듭단추로 여미었으며 안깃은 고름으로 여몄다. 어깨, 허리, 겨드랑 부분에 바대를 부착하였다. 대대의 중간 부분을 제외한 양 끝부분의 가장자리에 검은색 선이 있다.

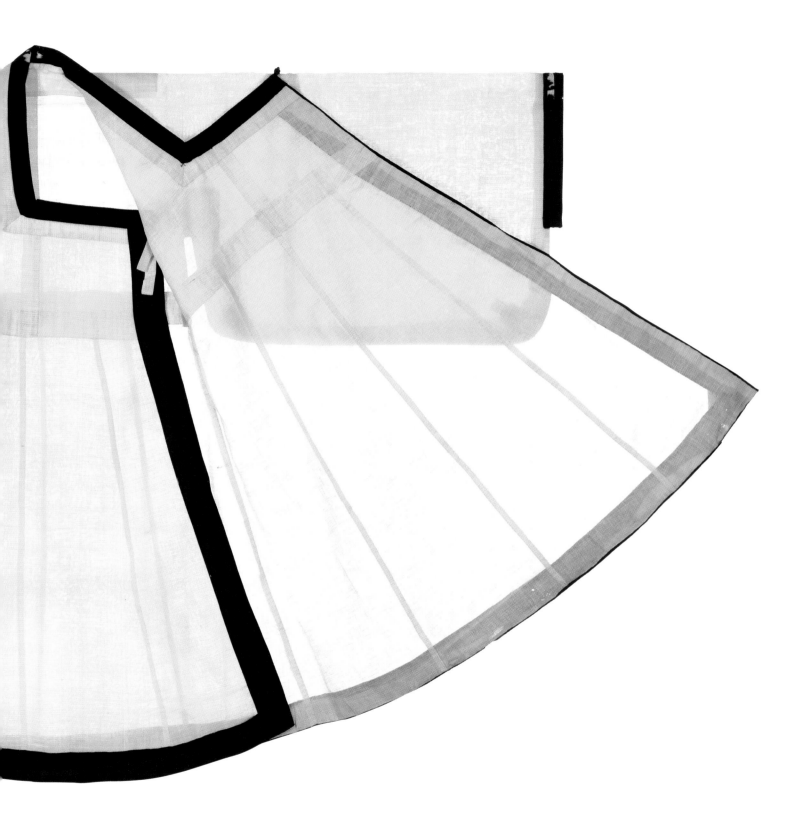

4 여성의 예복
녹색 원삼

Women's Ceremonial Robe,
Green *Wonsam*

원삼圓衫은 사대부가 여성의 예복이며, 민간에서는 특별히 혼례에만 입을 수 있었다. 착용할 때 가체, 족두리, 화관 등의 머리 장식과 큰 띠를 맨다. 조선 전기에는 '단삼團衫', '원삼'이라고 하였으나 후기에는 '원삼'이라는 이름으로 불렀다.

조선 전기의 원삼 형태는 목선이 둥글고 소매는 짧은 것과 긴 것이 함께 있었으며 옆선에 트임과 주름이 있다. 색은 홍색, 짙은 청색, 녹색 등이 확인된다. 후기에 이르러 좌우 깃을 같게 하여 중심에서 만나는 형태로 변화하였고 소매는 길고, 넓어졌다. 소매 끝에는 색동과 백색 한삼을 달았으며 전기에 있던 옆선의 주름은 사라진다. 색은 녹색 하나로 정착되었으나, 조선 말기 왕실에서는 신분에 따라 색을 달리하였다.

Wonsam[원삼圓衫] as women's ceremonial robe was originally reserved for the upper class women but was allowed as bridal attire for lower class women in the late Joseon dynasty. When wearing Wonsam, a headdress and a large belt, for example Gache[가체假髢] or Keunmeori[큰머리巨頭美], Daedae[대대大帶], Jokduri[족두리簇頭里], or Hwagwan[화관花冠, 華冠].

During the early Joseon dynasty, the form of Wonsam was similar to that of Dallyeong. It had side openings with pleated parts. Red, dark blue, green colors were used for Wonsam. Later the form of Wonsam changed: it took center-front opening style, and sleeves became longer and wider. Multi colored stripes and white wide cloth were attached to the sleeves, and the pleated parts attached to the side openings disappeared. The common color of Wonsam was green, but during the late Joseon dynasty the color of Wonsam varied depending on the wearer's social status.

034 원삼 圓衫

Wonsam, Women's Ceremonial Robe

조선 16세기 중후반
경기도 안성군 의인 박씨 묘 출토
원삼 무문단 | 길이 133.5 화장 73 품 102
대대 무문단 | 길이 228 너비 2
진주류씨 사수녹사이판공파 기증
6314~6317

아청색 무문단으로 만든 홑 단령형 원삼으로, 품이 크고 길이가 짧은 소매이며 겨드랑이 아래 옆자락의 무는 앞뒤로 2개의 주름을 잡아서 고정한 상태이다. 가슴과 등에는 가로 세로 33.5cm의 호표흉배를 부착하였는데 『경국대전』[1485]에 무관 1~2품은 호표흉배로 규정하고 있다. 그러나 이장 당시 부부의 합장묘에서 '내금위정략장군 충무위부사과유공지구內禁衛定略將軍忠武衛副司果柳公之柩'와 '의인박씨지구宜人朴氏之柩'라는 명정이 확인되었는데 정4품 '내금위 정략장군', 정6품 '충무위 부사과', 외명부 6품인 '의인'의 기록으로 보면, 당시 흉배제도와는 일치 하지 않음을 알 수 있다.

호표흉배虎豹胸背

옆선의 무주름

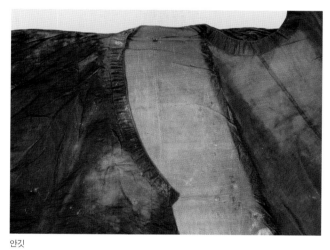

안깃

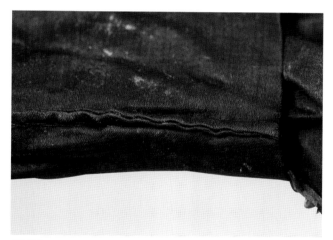

소매 배래

035 원삼 圓衫

Wonsam, Women's Ceremonial Robe

조선 16세기 후반
경기도 양평군 연안김씨 묘 출토
원삼 화문라 | 길이 152 화장 74 품 102
대대 운문단 | 길이 183 너비 4
남양홍씨 예사공파 기증 | 학술565 · 학술535

연꽃넝쿨무늬가 있는 라羅직물을 사용한 단령형 원삼으로 홑이다. 조선 전기의 원삼은 '여자의 원삼을 고쳐 남자의 업무용 단령으로 입었다'는 기록이 확인될 만큼 남자의 단령과 유사한 것이 특징이다. 이 원삼은 목선이 둥글지만 남자 단령과의 차이점은 소매가 짧다는 것으로, 이것은 조선시대 여자 예복만의 특징으로 볼 수 있다. 옆선은 트임이 있으며 앞뒤로 주름을 3번 접어 고정하였다. 겉감은 연꽃넝쿨무늬 비단을 사용하였고 가슴과 등에는 당시 문관 1품에 해당하는 '공작흉배'를 부착하였다. 공작흉배는 편금사로 문양을 넣어 제직한 것이다. 연안김씨는 승정원좌승지로 추증된 홍몽남1534~1574의 첫째 부인으로 공작흉배는 남편의 품계와는 일치하지 않는다.

공작흉배孔雀胸背

036 원삼 圓衫

Wonsam, Women's Ceremonial Robe

조선 16세기
경기도 남양주시 기성군부인 평양이씨
1502~1579 묘 출토
원삼 장화단 | 길이 136 화장 56.5 품 90
전주이씨 견성군파 기증 | 10980
재현 홍미연

목선이 둥근 단령형 원삼으로 홑으로 제작되었다. 봉황무늬 비단으로 만들었으며, 앞·뒤 길이가 같다. 진동 아래로 트임이 있으며 앞길의 옆선에만 무를 연결하여 진동 아래 4개의 주름을 잡았고 나머지 44cm는 좌우 끝이 뒷길의 안쪽 중심에서 맞닿게 하였다. 겉·안섶의 하단 모서리는 삼각으로 접어 고정하였다. 앞·뒷길에 각 13줄의 원형 봉황무늬로 옷 전체를 장식하였는데 무늬가 있는 부분에만 굵은 실을 넣어 중조직으로 직조하였다. 기성군 부인 평양이씨는 조선 제9대 왕 성종의 손자인 완산군 이수함^{1500~1557}의 부인이다.

앞무 홑점

깃

앞길안_옆자락 '무의 주름'

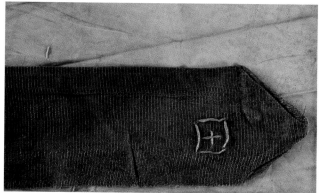

속 고름 끝부분

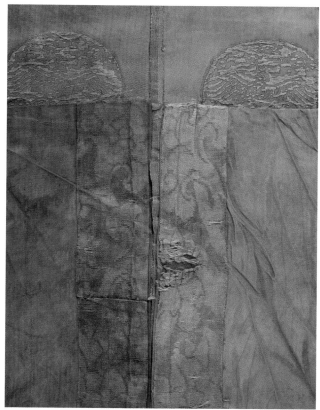

뒷길 안쪽 중심에 부착된 '무'

037 원삼 圓衫

Wonsam, Women's Ceremonial Robe

조선 17세기 전반
경기도 남양주 호평 무연고 묘 출토
원삼 운문사 | 길이 138.5 화장 66 품 66
대대 무문단 | 길이 175이상 너비 6
재현 홍미연

소매는 접지 않은 상태로 식서부분을 그대로 사용하였다. 옆트임에는 주름을 3번
접어 안쪽에 부착하였으며 뒤트임이 있다. 뒤길 겨드랑이 부분에 안쪽에는 끈을 겉
쪽에는 매듭단추를 달아 뒤품을 줄일 수 있다. 직물은 구름무늬의 얇은 견직물을
사용하였고 고름은 짙은 색의 무늬 없는 명주를 사용하였다.

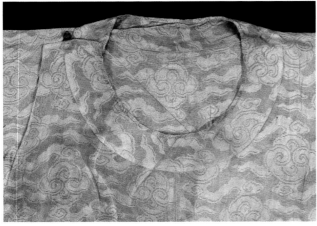

깃

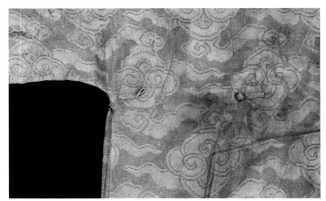

뒷길 겉쪽의 여밈 매듭단추

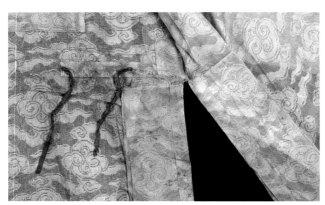

뒷길 안쪽의 여밈 끈

안쪽으로 고정한 옆자락의 무주름

Wonsam, Women's Ceremonial Robe

조선 17세기
경기도 포천군 동래정씨1567~1631 묘 출토
원삼 운문단 l 길이 159,5 화장 132 품 60
대대 운문단 l 길이 264 너비 8,5
안동김씨 별제공파 기증 l 6594·6595

구름무늬 비단으로 만든 홑 원삼이다. 원삼의 깃 형태는 조선 전기에는 남자 단령
처럼 목선이 둥글다가, 17세기 전반부터 깃이 앞 중심에서 만나는 대금對衿형태가
보이기 시작한다. 이 원삼은 가장 이른 시기의 대금형태로 확인되는 유물이다. 3쌍
의 매듭단추로 여며 입었고 앞이 뒤보다 39cm 짧은 전단후장형태이며 넓은 소매
끝에 한삼이 달려 있고 진동 아래는 트여 있다. 동래정씨는 상의원정을 거쳐 철원
부지사를 지낸 김화1572~1633의 부인이다.

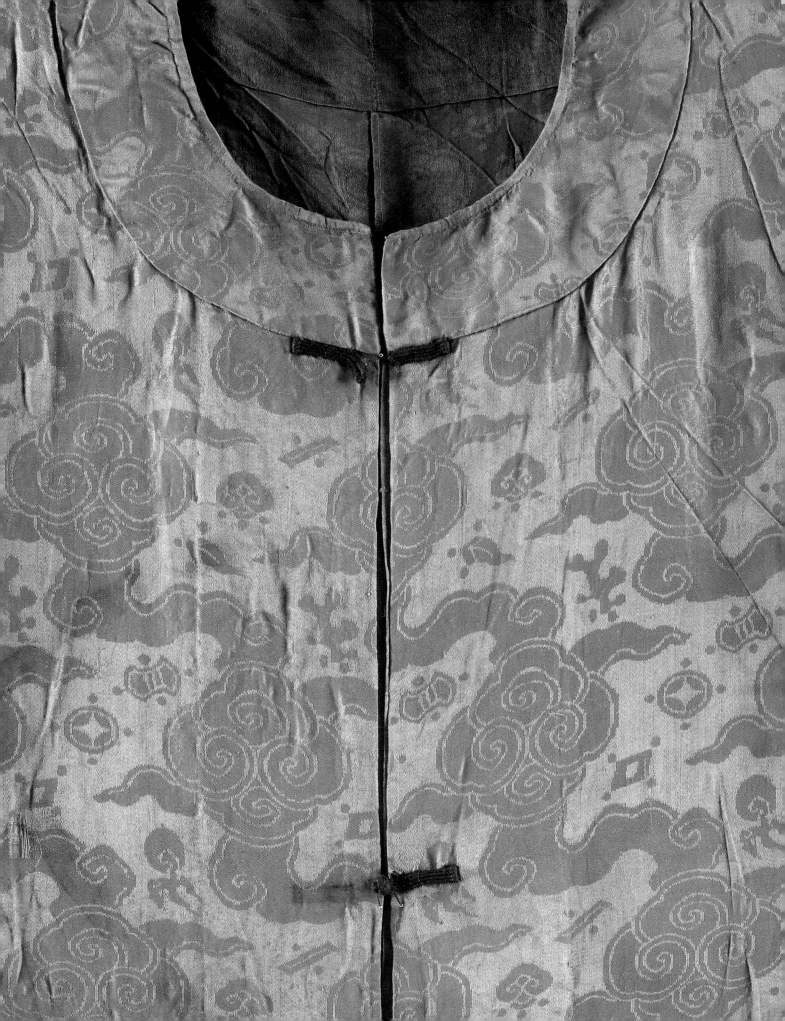

진동 아래 매듭단추

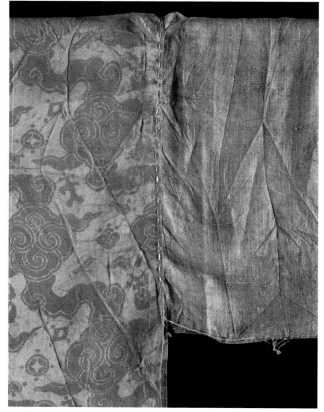

소매 끝

039 원삼 圓衫

Wonsam, Women's Ceremonial Robe

조선 17세기
경기도 광명시 전주이씨1620~1663 묘 출토
원삼 화문사 | 길이 143 화장 140 품 62
대대 운문단 | 길이 346 너비 7.5
문화류씨 군자종친회 기증

단령형 원삼으로는 가장 늦은 시기의 것으로 확인되는 유물이다. 이 원삼의 둥근 목선은 조선 전기 원삼의 형태이지만 넓은 소매 끝에 색동과 한삼이 있고 옆트임에 주름이 사라진 걸 보면 조선 후기 원삼의 형태가 동시에 나타나는 모습이다. 원삼의 겉감은 봉황과 모란무늬의 성글고 얇은 견직물을 사용하였고 소매는 꽃무늬의 고운 명주를 사용하였다. 이 옷은 수의로 착용되었던 것이다. 전주이씨는 류성구1620~1671의 부인이다.

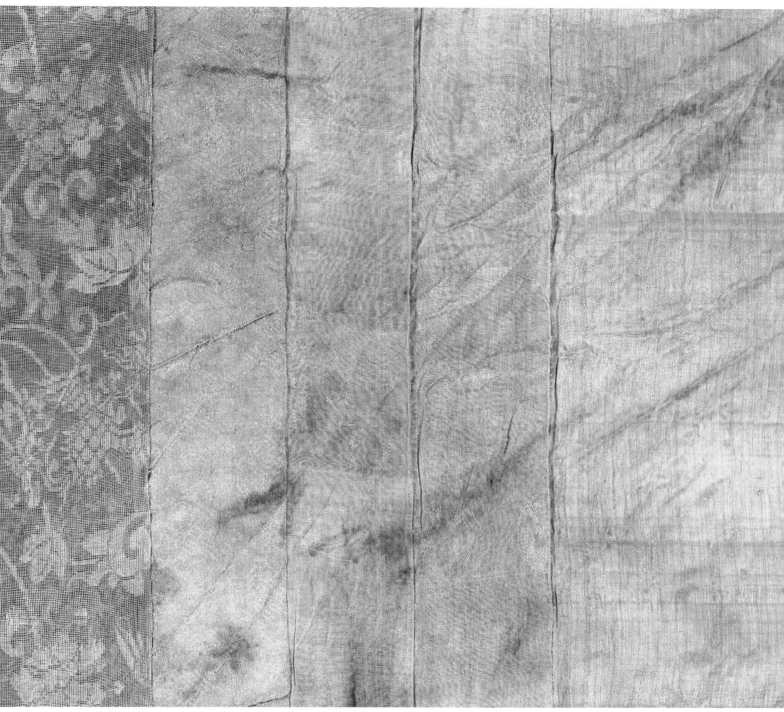

소매 끝의 색동과 한삼

040 원삼 圓衫

Wonsam, Women's Ceremonial Robe

조선 17세기
경기도 파주시 사천목씨1657~1699 묘 출토
원삼 화문단 | 길이 140 화장 119.5 품 65
대대 화문단 | 길이 238 너비 6
청송심씨 인수부윤공파 기증 | 7571·7572
재현 박순자

연꽃넝쿨무늬 비단으로 만든 홑원삼이다. 좌우 깃이 중심에서 만나며 2쌍의 고름으로 여미었다. 앞이 짧고 뒤가 길며 끝에 색동과 한삼이 있는 전형적인 조선 후기 원삼의 형태이다. 가로 26cm, 세로 24cm의 모란흉배를 앞·뒤에 부착하였는데 앞쪽의 흉배는 왼쪽 길에만 부착되어 있다. 흉배는 큰 모란과 그 중앙에 수壽자가 있고 그 위로 나비가 수놓아져 있다. 사천목씨는 심익창1652-1725의 두 번째 부인이다.

모란흉배

소매 끝의 색동과 한삼

원삼 圓衫

Wonsam, Women's Ceremonial Robe

조선 18세기
경기도 하남시 안동권씨1664~1722 묘 출토
원삼 금선단/화문단 | 길이 141 화장 106 품 47
대대 금선단 | 길이 332.5 너비 7
전주이씨 인평대군파 기증 | 4905·4906
중요민속문화재 제276호

겉감은 구름·용·수壽자 무늬의 고급 비단을 사용하였고 수자 부분은 더 화려하게 금실을 넣어 제작하였다. 안감은 연꽃넝쿨무늬 비단으로 따로 제작하여 서로 겹쳐 가장자리를 꿰맨 겹옷이다. 연꽃넝쿨무늬의 소색 비단을 소매 끝에 달았으나 색동은 따로 없어 다른 원삼과 구별된다. 앞 길이는 뒤보다 13cm 짧다. 좌우 깃이 중심에 만나는 모양으로, 3쌍의 고름이 있다. 허리띠인 대대는 원삼의 겉감 직물과 같다. 수의용으로 출토 당시에 초록색을 띠었다. 안동권씨는 왕족 종실 출신인 의원군 이혁1661~1722의 부인이다.

042 홍씨 초상 洪氏肖像
Portrait of Lady *Hong*

중국 청 | 홍씨 1467~1554
비단에 채색 | 전체너비 103 전체길이 165.8
5714

명대 부인의 예복 차림을 알 수 있는 중국 여성 초상이다. 오른쪽 위에 '문명 유인홍씨, 생어성화 정해년 십이월 이십일 신시, 몰어 가정 신인생 팔월 십오일 사시'라 적어 홍씨는 명대 중엽의 인물임을 알 수 있다. 그러나 초상화의 제작 시기는 더 늦을 가능성이 있다. 머리에는 화관에 긴 구슬을 물고 있는 봉황 장식이 있다. 녹색 예복의 깃은 단령이며 소매가 넓고 길다. 흉배는 머리에 뿔, 목의 가로선, 몸의 비늘, 발톱의 모양 등을 볼 때 상상의 동물인 기린의 특징이 보인다. 옆트임 안쪽으로 주름을 잡은 듯하며 그 사이로 구름무늬의 긴 저고리와 꽃과 보배무늬가 있는 황색 치마를 착용한 것이 보인다.

5 남녀 덧옷
배자

Men's and Women's Vest,
Baeja

배자褙子는 저고리나 포 위에 덧입는 조끼형 옷으로, 남녀 모두가 착용했다. 등걸이, 배거리褙巨里라고도 하는데, 대체로 좌우가 중심에서 만나 매듭단추나 끈으로 여며 입는 형태이다.

소장 유물로는 주로 남자용이 많으며, 긴 것·짧은 것·앞뒤 길이의 차이가 있는 것 등 다양하다. 여자용은 남자용보다 짧은데, 이것은 저고리의 길이와 관련성이 있는 것으로 보인다. 출토 배자는 누비나 솜을 많이 사용하여 주로 방한용으로 쓰인 것으로 생각된다. 또한 입은 사람의 지위·신분·용도에 따라 소재와 형태에 차이가 있으며, 이런 이유로 일상의 배자와 구별되는 전복, 쾌자 등 더 세부적으로 나눠지기도 한다.

특별한 규제가 없었던 배자는 여러 가지 형태로 제작되어 실용적이며 멋을 보여 줄 수 있는 매우 흥미로운 우리의 옷이다.

Baeja[배자褙子] was a vest worn over jackets, and was worn by both men and women. It was also called *Deung-geo-ri*[등거리] or *Bae-geo-ri*[배거리褙巨里]. Most Baeja had center-front opening, and its opening was buttoned or tied with straps.

Gyeonggi Provincial museum possesses various types of vests: long ones, short ones, and ones with their back shorter than front, etc. Women's vest was shorter and smaller than the men's. This was because the length and size of women's *Jeogori* had changed: women's *Jeogori* became shorter and smaller, whereas men's *Jeogori* did not change. There were a lot of excavated vests which were quilted with cotton batting or padded with thick cotton. Therefore, those *Baejas* were presumed to be an outer clothing for the winter.

Since *Baeja* was not formal clothing, people could design it as they wanted. As a result, *Baeja* was diverse in shape and showed its practicality and grace as an attire.

043 배자 背子

Baeja, Vest

조선 16세기

경기도 용인시 심수륜1534~1589 묘 출토

초/세주 | 길이 78 품 41

청송심씨 정이공파 기증 | 5334

재현 홍미연

어깨 부분과 진동 아래 매듭단추로 고정하여 착용하는 것으로, 다른 배자와 여밈 방법이 다르다. 앞길이가 뒷길이보다 21cm 긴 전장후단형이다. 겉감은 고급 견사로 짠 초를 안감은 명주를 사용하였고 사이에 두꺼운 한지를 심감으로 넣어 제작하였다. 깃이 없으며 뒷목 부분인 고대에는 안단을 대었다. 출토 당시 여러 번 접어 베개 대용으로 사용하였다.

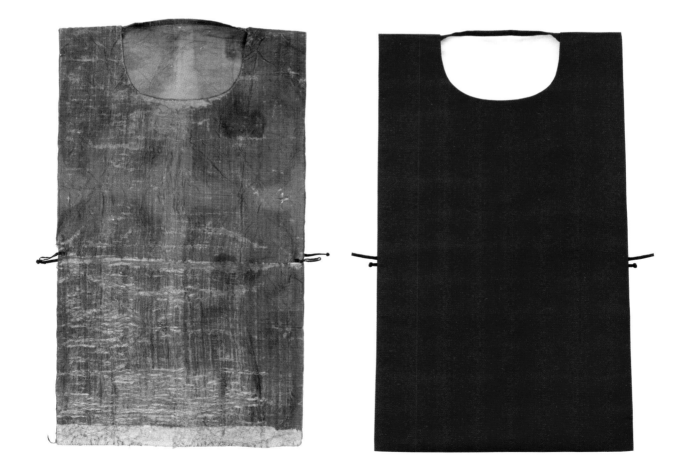

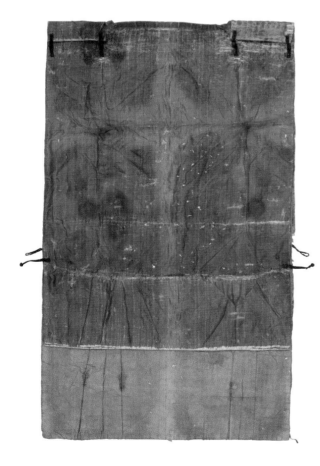

044 배자 背子

Baeja, Vest

조선 17세기 전반
경기도 남양주 호평 무연고 묘 출토
화문능 | 길이 57.5 품 42

모란무늬 비단으로 만든 배자로, 안감은 모두 소실된 상태이다. 앞·뒤의 길이가 같으며 깃은 네모형의 방령으로, 깃 가운데 이음선이 있는 이중깃에 동정이 있다. 좌우의 깃머리가 겹친 부분 없이 앞 중심에서 만나며 섶이 없다. 여밈으로 2개씩 2쌍의 매듭단추가 있으며 옆선 전체가 터진 형태로 진동 아래 두 줄의 끈으로 앞과 뒤를 연결하였다.

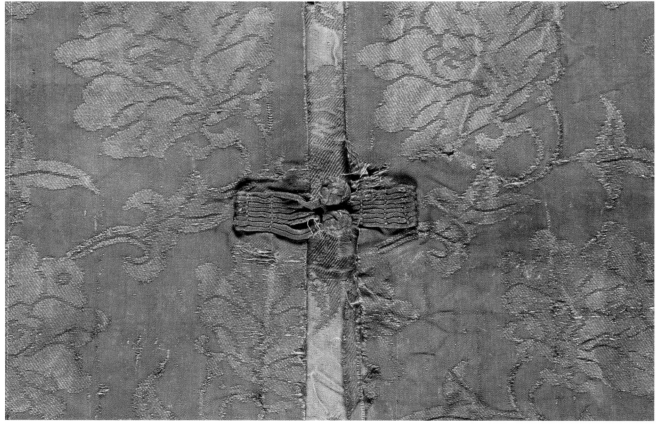

⁰⁴⁵ 배자 背子

Baeja, Vest

조선 17세기
경기도 파주시 심설1570~1630 묘 출토
화문단/주 | 길이 53 품 43
청송심씨 인수부윤공파 기증 | 7474
재현 김미영

겉감은 구름·복숭아·만자무늬 비단, 안감은 무늬없는 명주가 사용된 솜 배자이다.
등을 따뜻하게 하기 위한 실용적인 등거리로, 앞으로 내려온 2개의 끈을 교차하여
입는 방식이다. 솜을 두껍게 두었고 배자의 가장자리를 두땀상침하여 솜을 고정하
였다. 끈은 소실되었으나 두 가닥의 앞길 끝에 끈을 달았던 흔적과 뒷길의 진동 아랫
부분에 고리를 달았던 흔적이 남아있다. 단국대학교 석주선기념박물관 소장 탐릉
군 이변1636~1731의 배자가 이와 같은 형태로, 앞으로 내려온 두 가닥 끝에 끈을 달아
옆선 고리에 걸어 매게 되어있다.

046 배자 背子

Baeja, Vest

조선 17세기
경기도 포천군 김확1572~1633 묘 출토
주/주 | 길이 78 품 54
안동김씨 별제공파 기증 | 6550

겉·안감 모두 명주가 사용된 누비 배자로, 0.8cm 간격으로 누볐으며 앞이 뒤보다 8cm 긴 형태이다. 깃은 네모 형태의 방령이고 깃 가운데 이음선이 있으며 양 깃이 겹치는 부분 없이 앞 중심에서 만나는 대금형이다. 3쌍의 매듭단추로 여며 입었고 옆선의 어깨에서 37cm 내려온 지점에 매듭단추가 있어 앞·뒷길을 연결하였다.

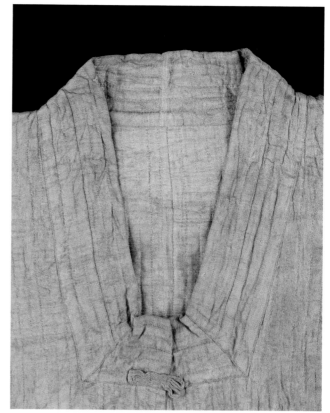

깃

앞 중심 매듭단추

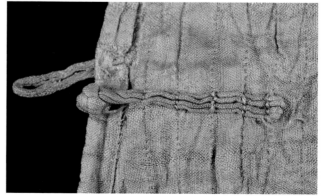

진동 아래 매듭단추

047 배자 背子

Baeja, Vest

조선 17세기
경기도 포천군 김확1572~1633 묘 출토
주/주 | 길이 98 품 54
안동김씨 별제공파 기증 | 6551
재현 김지연

겉·안감 모두 명주가 사용된 솜 배자로, 앞길이가 뒷길이보다 17cm 긴 전장후단형이다. 깃은 네모 형태의 방령이고 깃 가운데 이음선이 있는 이중깃이다. 좌우의 깃머리가 겹친 부분 없이 앞 중심에서 만나는 대금형으로, 섶이 없다. 깃과 그 아래로 14cm, 15cm 간격으로 매듭단추가 있어 앞에서 여며 입었다. 옆선 전체가 터진 형태로 진동 아래 매듭단추가 있어 앞·뒷길을 연결하였다. 왼쪽길 하단이 수습과정에 유실되었다.

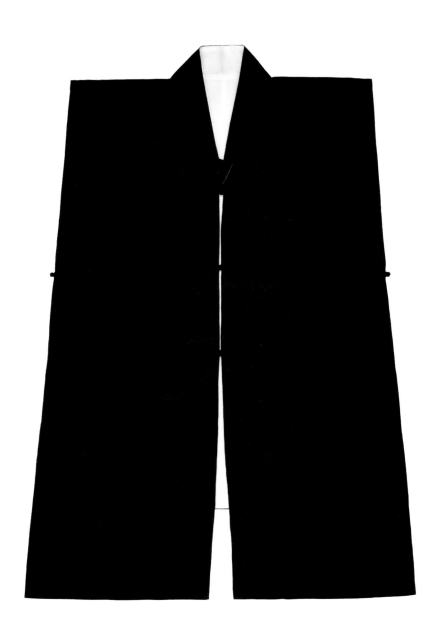

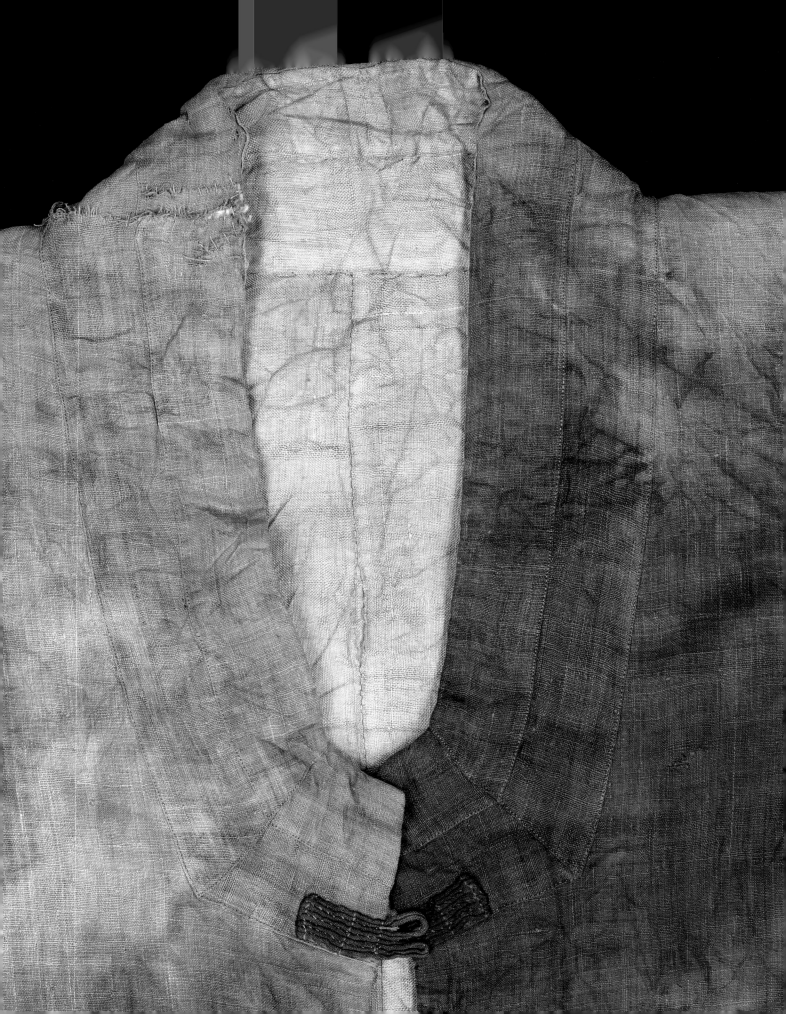

048 배자 背子

Baeja, Vest

조선 17세기 중반
경기도 파주시 경주현씨 묘 출토
주/주 | 길이 62 화장 48.5 품 61.5
안동김씨 군사공파 기증

겉·안감을 명주로 만든 솜 배자로, 겉·안감 솔기가 일부 분리되어 있다. 곳곳에 시침 흔적이 있어서 누비기 전의 시침 단계로 보여진다. 앞·뒷길이가 같고 양 깃의 깃머리가 앞 중심에서 만나는 대금형이다. 짧은 소매가 달려 있고 진동 33cm 아래 옆선이 길이가 27.5cm이며 그 중 옆트임이 15cm이다.

049 배자 背子

Baeja, Vest

조선 17세기
경기도 남양주시 권우1610~1675 묘 출토
주/주 | 길이 72 품 52
안동권씨 충숙공파 기증

겉·안감이 모두 명주가 사용된 누비배자로 1.1~1.2cm 간격으로 누볐다. 깃은 좌우
대칭으로 깃머리가 둥근 형태이며 동정을 달았다. 겹치는 부분 없이 앞 중심에서
만나는 대금형이고 앞·뒷길의 길이가 같다. 진동 아래 끈을 달았던 흔적이 남아있
다. 앞 중심의 깃머리와 15cm 내려온 지점에 매듭단추가 달렸던 흔적이 있으나 탈
락된 상태이다.

깃

진동 아래 옆선의 끈 흔적

050 배자 背子

Baeja, Vest

조선 17세기
경기도 파주시 심익상1639~1695 묘 출토
주/주 | 길이 110.5 품 46
청송심씨 인수부윤공파 기증 | 학술1271
재현 김해자국가무형문화재 제107호 누비장

유선희·한인자·신화숙·성연선

겉·안감을 명주로 만든 누비 배자로, 1cm 간격으로 곱게 누볐다. 깃머리가 삼각형
이며 동정이 달려있다. 좌우의 깃머리는 겹친 부분 없이 앞 중심에서 만나지만 깃
아랫부분은 좌우 앞길에 섶이 달려있어 겹쳐진다. 그러나 중심에 3단의 매듭단추
가 섶의 가장자리에 있어 착용하였을 때는 겹침 부분이 없다. 진동선은 현대복의
진동 둘레와 같이 곡선이며 진동에서 23.5cm 아래로는 트여있다.

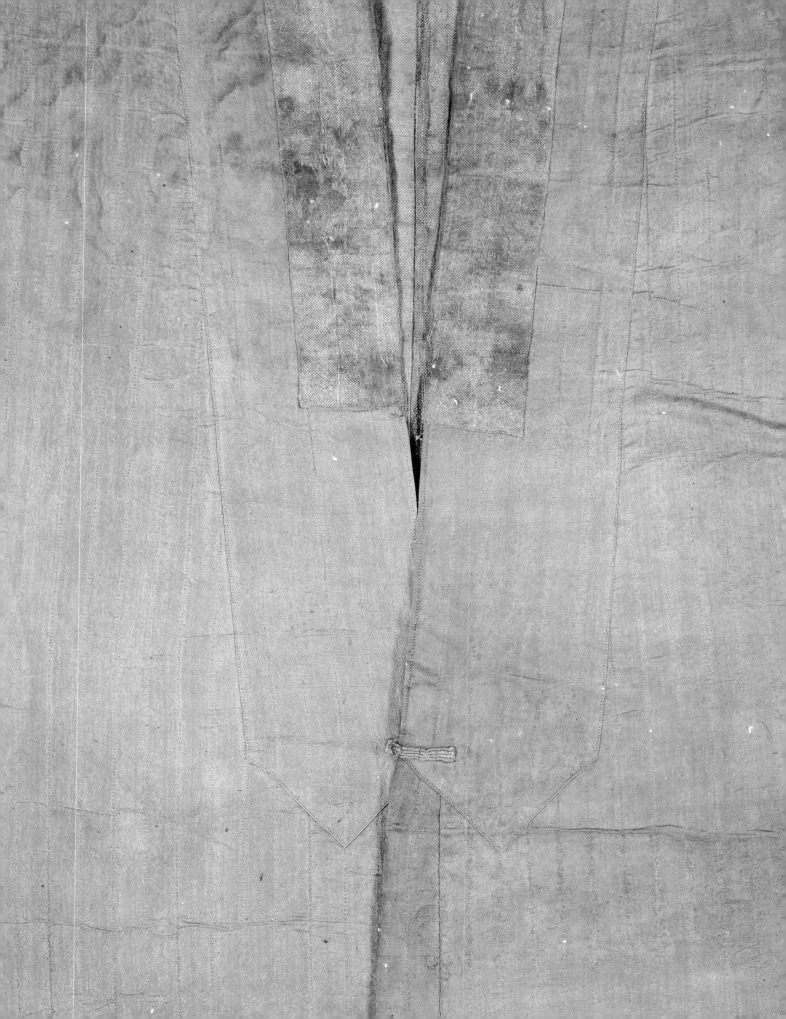

051 배자 背子

Baeja, Vest

조선 17세기
경기도 파주시 사천목씨1657~1699 묘 출토
주/주 | 길이 37.5 품 33
청송심씨 인수부윤공파 기증 | 7521
재현 김해자국가무형문화재 제107호 누비장
　　유선희·한인자·신화숙·성연선

겉·안감을 명주로 만든 누비배자로 0.5cm 간격으로 곱게 누볐다. 깃은 좌우 대칭으로, 깃머리가 둥근 형태이며 깃에는 동정을 부착하였다. 좌우 옆선은 트여 있으며 진동 아래 2개의 끈을 달아서 배자의 앞과 뒤를 연결하였다. 여밈 장치가 소실된 상태이다. 섶, 도련, 옆선의 가장자리에는 0.8cm 간격의 안단이 있다.

배자 背子

Baeja, Vest

조선 18세기
경기도 하남시 의원군 이혁1661~1722 묘 출토
화문능/주 | 길이 94.5 품 41
전주이씨 인평대군파 기증 | 4853
중요민속문화재 제1830호 | 재현 박찬례

겉감은 만자기하무늬 바탕에 과일·꽃무늬가 있는 능직의 비단, 안감은 명주가 사용된 누비 배자로 0.8cm 간격으로 곱게 누볐다. 깃은 네모형의 방령으로, 동정이 있으며 앞 중심에 3쌍의 매듭단추가 있으나 한쪽이 소실되었다. 진동이 깊게 파여 있고 어깨선이 좁다. 진동에서 16cm 떨어진 곳에 50cm 길이의 옆트임이 있다.

깃

옆트임 안 선단

053 배자 背子

Baeja, Vest

조선 18세기
경기도 하남시 의원군 이혁1661~1722 묘 출토
운문단/주 | 길이 130 품 66
전주이씨 인평대군파 기증 | 4858
중요민속문화재 제1830호

겉감은 큰 구름무늬 비단으로 가장자리의 가선은 작은 구름무늬 비단으로 만든 배자이다. 깃은 네모형태이고 진동 아래 12.5cm를 휘갑치기 하여 앞·뒷길을 연결하였고 그 아래로는 트여있다. 앞 여밈장치는 소실되었다. 배자의 길이가 유독 길고 무늬가 화려하다.

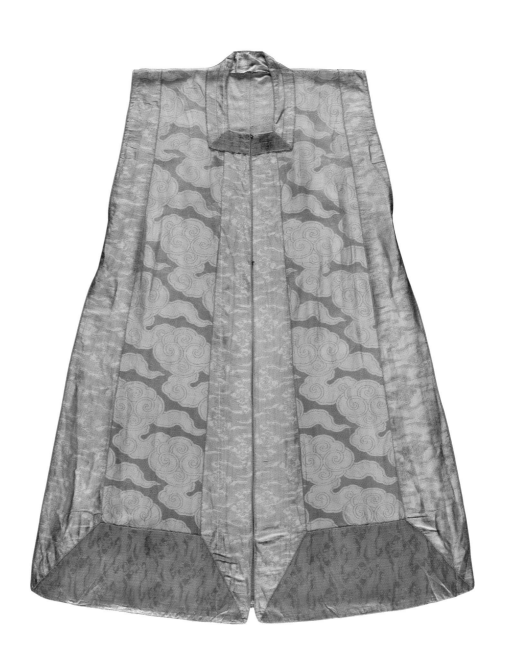

054 배자 背子

Baeja, Vest

조선 18세기
경기도 파주시 심익창1652~1725 묘 출토
화문능/주 | 길이 109 품 61
청송심씨 인수부윤공파 기증 | 7487

매화와 모란무늬 비단으로 만들어진 배자로, 깃은 네모형의 방령이다. 깃 가운데 이음선이 있는 이중깃이며 동정이 달려있다. 좌우의 깃머리는 겹치는 부분 없이 앞 중심에서 만나지만 깃 아랫부분은 좌우 앞길에 섶이 달려있어 겹쳐진다. 그러나 여밈장치가 섶 가장자리에 있기 때문에 앞을 여미게 되면 섶은 겹치지 않아 결국 앞품이 넓게 된다. 앞 중심의 여밈 장치는 소실된 상태이다. 진동선이 곡선이며 진동에서 23cm 아래는 트임이 있고 트임의 가장 윗부분은 사뜨기를 하였다.

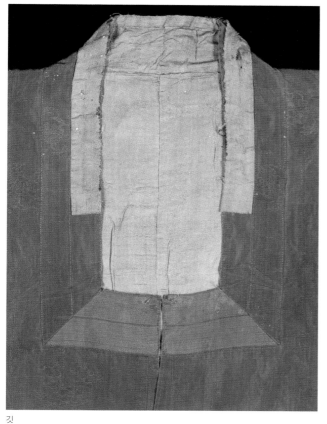

깃

옆트임 사뜨기

겉감 화문능花紋綾 모란무늬

겉감 화문능花紋綾 매화무늬

055 배자 背子

Baeja, Vest

조선 18세기
경기도 파주시 심이진1732~1768 묘 출토
주/주 | 길이 62 품 37
청송심씨 인수부윤공파 기증 | 학술1272
재현 김해자국가무형문화재 제107호 누비장

유선희·한인자·신화숙·성연선

겉·안감 모두 명주를 사용하였으며 깃이 없는 배자이다. 목둘레는 V자 모양이고 섶 없이 앞길의 좌우가 앞 중심에서 만나는 형태이다. 앞중심에서 7cm, 14cm 내려온 지점에 매듭단추를 달아서 여며 입었는데 오른쪽은 고리를 달았으며 왼쪽은 단추가 달렸던 흔적이 남아있다. 옆선은 전체가 트여 있으며 진동 아래 앞길에 있는 고름을 뒷길에 있는 고리에 건 후에 고름을 앞에서 여며 입었다.

056 배자 背子

Baeja, Vest

조선 후기
문단/주 | 길이 57 품 39.5
이병우 기증 | 1253

겉감은 박쥐와 수壽자 무늬가 있는 청색비단, 안감은 홍색명주가 사용된 배자이다. 좌우 대칭의 둥근 깃으로, 앞 중심의 겹친 부분이 없으며 앞길이가 짧고 진동선이 약간 곡선이다. 이런 형태는 조선 후기 남자가 착용했던 배자의 전형적인 모습이다.

1900년대
비단에 채색
가로34.9 세로55.8
소장 일암관

인물은 누구인지 알 수 없다. 풍잠이 있는 망건 위에 탕건을 쓰고 다시 정자관을 썼
다. 가장자리에 검은색 선이 둘러진 긴 두루마기에 청색의 짧은 배자를 입었다. 고
름을 묶고도 나머지 끈이 배자 길이보다 더 길게 남아 있다. 깃은 흰색의 동정이 있
고 깃 아래에 복숭아 모양의 장식 단추가 있다. 소매 끝으로 흰색의 안감이 보이는
것으로 보아 겹옷으로 보이며 그 안으로 자주색 토시를 착용한 모습도 확인된다. 방
석과 방 전체에 깔아놓은 깔개의 가장자리에 고운홈질과 네 땀 상침이 표현되었다.

남성 배자

L 79
심수륜 1534~1589

L 57.5
무연고 1600 초반

L 53
심설 1570~1630

L 94.5
의원군 이혁 1661~1722

L 130
의원군 이혁 1661~1722

L 110.5
심익상 1639~1695

L 109
심익창 1652~1725

L 66
탐능군 이변 1636~1731

L 77
밀창군 이직 1677~1746

여성 배자

L 62
은진송씨 1509~1580

L 39.5
순천 송광사 복장품 1600대 중반

L 37.5
사천목씨 1657~1699

L 98
김확 1572~1633

L 78
김확 1572~1633

L 100
김여온 1596~1663

L 120
무연고 17세기 중반

L 95
동래정씨일가 1574~1669

L 62
동래정씨일가 1574~1669

L 72
권우 1610~1675

L 62
경주현씨 17세기 중반

L 62
심이진 1732~1768

L 73
이익정 1699~1782

L 68
고종 1864~1904

L 57
20세기

L 41.5
청주한씨 1712~1772

L 27.5
파평윤씨 1735~1754

L 45
은진송씨 1700년대 말

자료제공 : 국립민속박물관·단국대석주선기념박물관·수원박물관·송광사·안동대학교박물관·충북대학교박물관
L : 길이

논고

Essays

조선시대 문무백관 조복제도 고찰

가선대부 권우權堣의 출토 조복을 중심으로

박성실 | 난사전통복식문화재연구소 소장
장정윤 | 단국대학교대학원 박사과정

I. 머리말

조선시대 복식은 유교의 예를 표현하는 중요한 요소로서 의례를 행할 때는 반드시 격식에 맞는 의복과 관모를 갖추었다. 조복은 종친 및 문무백관들이 국가적인 경사인 정조, 동지, 왕실의 국혼, 탄일과 영조迎詔, 부묘祔廟, 진표進表 등에 착용하는 문무백관 최고 대례복이다. 그 밖에 왕이 신하의 문병을 가거나 의원을 보내 위로할 때에도 조복을 몸에 얹고 누워서 예를 갖추기도 하였다.[1] 조복朝服은 양관梁冠·金冠과 홀笏·의衣·상裳·중단中單·폐슬蔽膝·후수後綬·품대品帶·대대大帶·패옥佩玉·말襪·화靴 등으로 구성되며, 양관과 후수, 품대, 패옥, 홀 등의 부속제구로 품계를 가렸다.

국초의 조복은 『경국대전經國大典』1485의 편찬과 시행으로 제도적 완성을 보았으며 명 제도에 비해 2등급이 체강 되어 규정되었다. 조복용 옷감을 무역해 오거나 조복을 구해서 견본으로 삼았으며 제용감에서 만들어 제공하자 관리가 소홀하여 유지에 문제가 발생하였다. 중종 대부터는 조복을 사비私備로 준비하기 시작하였으나 왜란과 호란 등 양란으로 조복은 4품 이상으로 한정되기도 하였다. 효종실록에는 선조와 인조 양조에서 대례시 4품 이상은 조복을, 5품 이하는 흑단령을 입도록 하였다고 한다. 경종 즉위 시에는 당상관은 조복, 당하관은 흑단령으로 행례한 경우도 있었으나 이 제도는 국말까지 시행, 유지되었다. 조복 관련 전세유물은 대부분 19세기의 시대적 한계를 보이고 있으나 2008년 신경유1581~1633 출토복식 특별전[2]에서 17세기 전기 조복이 복원품과 함께 전시된 바 있다. 그밖에 전傳 화산군1647~1702과 밀창군1677~1746 출토복식에서도 일습이 포함되어 있어 학계에 관심을 받고 있다. 최근에 발표된 연구 논문에서는 『원종예장도감의궤元宗禮葬都監儀軌』1627 조복 내용이 소개되었다.[3]

금번 발표되는 권우權堣, 1610~1675 출토 조복 일습 가운데 화려하게 자수된 폐슬이 포함되어 있어 17세기 후반 조복의 새로운 형태를 확인하고 재인식하는 실증적인 중요한 자료가 될 것이다. 본고에서는 조선시대 문무백관 조복제도의 수용과 변천 과정을 정리하고, 출토 유물을 중심으로 시대별 특징을 살펴보기로 한다.

1 　『중종실록』, 3권, 중종 2년 8월 9일 경진
2 　단국대학교 석주선기념박물관 특별전, 제27회 『17세기 무관 신경유(1581~1633) 출토복식 이야기 展』(2008.11.7~11.30)
3 　최연우(2015), 조선후기 관원 조복(朝服)의 구성과 형태 연구, 『한복문화』 제18권 3호

II. 문무백관 조복의 수용 및 변천

1. 조복의 수용과 제도

우리나라는 지정학적인 영향으로 중국과는 고대부터 밀접한 관계를 유지하며 발전되어 왔다.

조선시대 문무백관 조복과 관련한 구체적인 기록은 고려말 공민왕 19년¹³⁷⁰ 하사한 제복祭服 일습에서 참조할 수 있다. 명明 태조太祖는 개국초 임에도 군신의 배제관복陪祭冠服을 하사하였는데 중조 신하의 9등보다 2등급을 낮추어 7등을 통복通服으로 삼았다. 제복용이지만 청라의와 방심곡령을 제외한 부분은 조복과 통용되는 부분이 있다. 즉 백사중단, 홍라군, 홍라폐슬, 홍백 대대, 혁대, 수환, 백말, 흑리 등이며 양관은 오량에서 일량까지 각잠도를 갖추었다.[4] 또한 필요한 비단도 함께 보내졌는데 청·백·홍·조皀색의 라羅 십수필과 청·백·홍·조색의 견絹과 생견生絹 수십필씩이 포함되어 있다. 그밖에도 수綏;後綏는 자금수紫錦綏와 은환, 적금수赤錦綏와 동환, 녹금수綠錦綏와 동환으로 구별하였고 후수의 재료로 자금수 5부, 적금수 6부, 녹금수 35부와 오색실 7근이며 혁대를 보내 왔다.[5] 후수의 바탕을 3색의 화려한 비단으로 구분하여 조선의 제도와 차이를 보인다. 이후 공민왕 21년¹³⁷²에는 상아 홀笏과 홍정紅鞓·조정皀鞓·초라綃羅의 조복은 모두 본국의 생산물이 아니므로 시신侍臣 외의 동서반 5품 이하는 목홀木笏에 각대角帶와 주·저紬·紵 조복으로 만들게 하였다.[6] 신우 12년辛禑. 1386에는 정몽주를 보내어 왕의 편복 및 군신의 조복과 편복을 주청하고, 이어 세공을 경감해 줄 것을 요청하였다.[7] 그러나 세공은 경감하여 주었으나 의관은 사여 되지 않아 밀직부사 이부를 보내 다시 의관을 청하였으나 윤허를 받지 못하였다.[8] 이처럼 군신 조복은 여러 번 주청하였음에도 사여되지 않았다.

조선왕조는 개국과 함께 태조는 즉위교서에서 종묘와 사직의 제도를 정할 것을 예조에 명하였고 관혼상제의 중요성을 언급하여 법령으로 정하도록 하였으며 문무관의 관제와 직제를 개편 정비하였다.[9] 백관 조복제도는 태종 16년¹⁴¹⁶ 관복색冠服色을 설정하여 홍무예제洪武禮制에 의한 조복제도가 규정되었으나 이미 태조 6년¹³⁹⁷ 1월 병진, 정종 2년¹⁴⁰⁰ 12월 기유, 태종 6년¹⁴⁰⁶ 8월 무신에 백관은 조복을 입고 행례하였다. 당시 기록에서 구체적인 내용을 알 수 없으나 태종 8년 세자세[양녕대군]에게 하사된 조복 일습에서 유추해 볼 수 있다. 세자가 북경에 가서 정월 신유일 천지제사에 참여할 때 세자는 조복이 없어 상복常服으로 서반 9품 아래에 서 있었으며 세자가 황제에게 내용을 전달하자 황제는 황엄에게 조복과 제복을 만들어 주어 천지단天地壇에 배사陪祀하게 하였다.[10] 이때에 받은 세자 조복은

---

4 『高麗史』, 卷七十二 第二十六 輿服一 百官祭服 "恭愍王十九年 五月 太祖高皇帝賜 君臣陪祭冠服 比中朝臣下九等遞降二等 王國七等 通服 靑羅衣 白紗中單 皂領袖襴 紅羅裙 皂緣 紅羅蔽膝 紅白大帶 方心曲領 革帶 綏環 白襪 黑履 冠五頂五梁至一梁 角簪導"

5 『高麗史』, 卷七十二 志 第二十六 輿服一 百官祭服 服樣一副 羅衣 中單 裙 蔽膝 大帶 方心曲領 白襪 黑履 全服段 靑羅十一匹 白羅 十一匹 紅羅六匹 烏羅四匹 靑絹三十五匹 白絹三十五匹 紅絹十七匹 皂絹十四 生絹七十一匹 綏樣三副 紫錦綏一副 銀環二 赤錦綏一副 鍮石銅環二 綠錦綏一副 鍮石銅環二 綏科 紫錦綏五副 赤錦綏六副 綠錦綏三十五副 五色線七斤 革帶銀銀鰈一副 鍮石銅鉤鰈一副"

6 『高麗史』, 卷七十二 第二十六 輿服一 朝服 "恭愍王 二十一年十一月 敎象笏 紅鞓 皂鞓 綃羅朝服 皆非本國之産 今後侍臣外 東四班五品以下用木笏角帶紬紵朝服"

7 『東史綱目』, 卷十六 下 丙寅 廢王禑 十二年 二月

8 『高麗史』, 卷一百三十六 列傳 第四十九 辛禑四

9 『太祖實錄』 1권 태조 1년 7월 28일 정미 참조

10 『太宗實錄』, 15권, 태종 8년 4월 2일 帝御西角門, 世子偕千官行禮…帝特加溫顔以接之, 賜綵絲衣五套, 汗衫裏衣裳靴各一……帝御奉天殿, 勅千官齋戒. 將以正月辛酉日奉天地也. 千官具朝服行禮, 世子以常服, 立於西班九品之下…旣而帝移御西角門, 世子升陛奏曰: "在太祖時, 以外國蒙賜中朝衣冠, 惟我國耳. 今臣無朝服, 序於九品之外, 伏望聖察…帝曰: "可依靖江王兒子之例, 製朝服祭服以與之, 令

원유관, 강사포가 아닌 양관복梁冠服으로 오량관五梁冠·적라의赤羅衣·백초중단白綃中單·적라상赤羅裳, 폐슬蔽膝·혁대革帶·패패·수綬·백말白襪·흑리黑履·아홀象笏이었다.[11]

세자의 조복과는 달리 문무백관의 조복과 제복은 사여되지 않았으며 역환易換하였다.[12] 이후 태종 16년1416에는 관원의 조복제도를 정비하기 위해 중국 조정에 청해야 하는지에 대한 논의가 있었다. 그러나 이미 전하와 세자의 관복冠服을 내려 주었으니 배신陪臣의 복服까지는 주청할 필요가 없다고 하여 이에 관복색冠服色을 설정하였으며, 문무백관의 조복을 홍무예제洪武禮制에 의하여 양관梁冠과 의衣·상裳·패패·수綬를 제정하였다.[13] 이에 조복에 소용되는 초綃 견絹을 무역하여 오게 하였다.[14] 태종은 이후에도 경사京師의 사은사謝恩使에게 저포苧布·마포麻布 100필을 주어 단段·라羅를 사서 조복朝服을 만들고자 하였다.[15] 태종 16년 관복색에 의해 제정된 조복 제도는 양관梁冠·적라의赤羅衣·백사중단白紗中單·적라상赤羅裳·적라 폐슬赤羅蔽膝·혁대革帶·패패·대대大帶·수綬·홀笏·백말白襪·흑리黑履로 구성되며, 의衣와 중단中單에는 깃과 선을 청색으로 장식하며, 상裳의 가선도 청색으로 한다. 대대大帶에는 적색과 백색의 초綃를 사용한다. 그 외 양관과 수, 혁대, 패옥, 홀 등의 장식품으로 1품에서 9품까지의 품계를 가렸다. 그 내용을 살펴보면 다음과 같다.[16]

- 관冠은 1품은 5량관, 2품은 4량관, 3품은 3량관, 4~6품은 2량관, 7~9품은 1량관을 쓰며, 모두 각잠角簪을 사용한다.
- 혁대革帶는 1~2품은 금金, 3~4품은 은銀, 5품 이하는 동銅을 사용한다.
- 패패는 1~2품은 옥玉을 사용, 3품~9품은 약옥藥玉을 사용한다.
- 수綬는 1~2품은 황색·녹색·적색·자색의 4색의 직성織成 운학화금雲鶴花錦으로, 아래에는 청사망靑絲網을 맺고, 수환綬環은 2개로 금金을 사용한다. 3품은 황색·녹색·적색·자색의 4색의 직성織成 반조화금盤鵰花錦으로 아래에는 청사망靑絲網을 맺고, 수환綬環은 2개로 은銀을 사용한다. 4품은 황색·녹색·적색 3색의 직성織成 연작화금練鵲花錦으로, 아래에는 청사망靑絲網을 맺고, 수환綬環은 2개로 은을 사용한다. 5~6품은 황색·녹색·적색 3색의 직성織成 연작화금練鵲花錦으로 아래에는 청사망靑絲網을 맺고 수환綬環은 2개로 동銅을 사용한다. 7~9품은 황색·녹색 2색의 직성織成 계칙화금鸂鶒花錦으로, 아래에는 청사망을 맺고, 수환綬環은 2개로 동銅을 사용한다.
- 홀笏은 1~4품은 상아象牙, 5품 이하는 괴목槐木을 사용한다.

이후 세종 9년에는 세자가 받은 오량관五梁冠은 배신陪臣 1품의 관과 분별이 없어 심히 미안하다 하

陪祀天地壇…帝使黃儼至會同館, 賜世子朝服祭服.

11 『世宗實錄』, 31권, 세종 8년 2월 26일 경인 "…永樂六年正月日賜 王世子朝服 五梁冠 赤羅衣 白紗中單 赤羅裳 蔽膝 革帶 佩 綬 白襪 黑履象笏 祭服 五梁冠 靑羅衣 白紗中單 赤羅裳 蔽膝 方心曲領 紅白大帶 革帶 佩 綬 白襪 黑履 象笏…"

12 『太宗實錄』, 24권, 태종 12년 8월 16일 무진 賜賻判司譯院事李子瑛之家. 子瑛以朝服祭服易換事, 如京師, 還至東平府 聊城縣病死.

13 『太宗實錄』, 31권, 태종 16년 1월 13일 병오 設冠服色。" 文武百官朝服, 依《洪武禮制》, 造梁冠衣裳佩綬…

14 『太宗實錄』, 31권, 태종 16년 1월 13일 병오 "…上曰 禮服喪服最是重事 昔予居憂 天使黃儼 見予喪服曰 服製不是 予甚耻焉 可令聖節進賀使 貿朝服所用綃絹及喪服一件來"

15 『太宗實錄』, 35권, 태종 18년 1월 1일 임자 "遣谷山君 嗣宗 同知摠制 李愉 如京謝謝恩也 授苧麻布 百匹于嗣宗之行盖 欲買段羅 以製朝服也"

16 『太宗實錄』, 31권, 태종 16년 3월 30일 임술

여 주청할 것인지에 대한 논의가 계속된다.[17] 그 후에도 양관에 대한 논의는 계속되어 세자의 양관은 시급히 청하지 않을 수 없으니[18] 세자의 양관 등수等數 를 올려서 달라고 청하게 된다.[19] 그 후 세종 10년 세자에게 육량관六梁冠 이 사여되었으며 영원히 이것으로 제도를 정하라고 하였다.[20] 그 후 세종 12년에는 주청없이 다시 세자의 조복이 사여되었다. 전에 보내 준 육량관六梁冠 은 중국의 2품 조복의 관인데, 지금 보내 온 옥대玉帶 와 옥환玉環 은 중국 1품관의 것이니 세자를 지극히 중히 여긴 것이라 하여 이에 따라 예물을 갖추기로 하였다.[21]

태종 16년 관복색冠服色 을 통하여 제정된 조선전기의 문무백관의 조복제도는 큰 변화 없이 『경국대전經國大典 』1474에서 완성을 보게 된다. 『경국대전經國大典 』의 조복제도는 이전 제도와 비교하여 관은 각잠角簪 이 목잠木簪 으로 바뀌었으며, 의·상·폐슬의 소재는 라羅 에서 초綃 로 바뀌었고, 중단中單 과 상裳 의 령領 과 연緣 기록은 제외되었다. 이외 대대의 기록도 제외되었지만, 기록의 누락으로 보인다. 패佩 는 3품 이상은 번청옥燔靑玉 , 4품 이하는 번백옥燔白玉 을 사용하며, 혁대는 1품은 서대犀帶 , 정2품은 삽금鈒金 , 종2품은 소금素金 , 정3품은 삽은鈒銀 , 종3품과 4품은 소은素銀 , 5품 이하는 흑각黑角 을 사용하도록 세분화하였다. 말襪 의 경우 백포白布 를 사용한다는 소재를 기록하였으며, 신은 흑리黑履 에서 흑피혜黑皮鞋 로 기록하고 있다.

조선의 백관 조복제도는 명明 의 홍무 26년1393 조복제도를 참고로 제정한 태종대부터 『경국대전經國大典 』1474에 이르기까지 2등급 낮춘 명明 의 관복제도를 거의 그대로 답습하고 있다. [표 1]은 『대명회전』 26년제 조복제도와 『경국대전』 조복제도를 비교한 것이다.

의와 중단, 상, 폐슬은 옷감의 종류에서 차이를 보일 뿐 동일하며 양관은 2등체강원칙을 따르고 있으나 품대는 1등이 체강된 제도로 되어 있다. 또한 정·종으로 나누어 세분화하여 독자적인 제도가 일부 반영된 것이 포함되어 있다. 후수의 문양은 2등체강원칙을 지키고 있으며 홀 이하는 동일한 제도가 적용되었다.

17 『世宗實錄』, 38권, 세종 9년 10월 19일 계유
18 『世宗實錄』, 40권, 세종 10년 6월 22일 계묘
19 『世宗實錄』, 41권, 세종 10년 7월 3일 계축
20 『世宗實錄』, 42권, 세종 10년 12월 7일 갑신
21 『世宗實錄』, 48권, 세종 12년 4월 10일 경진

〈표 1〉 『대명회전』과 『경국대전』 조복제도

구 분	품 계	『대명회전』홍무 26년정				『경국대전』
冠	1品	七梁				五梁 木簪
	2品	六梁				四梁 木簪
	3品	五梁				三梁 木簪
	4品	四梁				二梁 木簪
	5品	三梁				〃
	6品	二梁				〃
	7品	〃				一梁 木簪
	8品	一梁				〃
	9品	〃				〃
衣	1品~9品	赤羅衣				赤絹衣
中單	〃	白紗中單 (靑飾領緣)				白絹中單
裳	〃	赤羅裳 (靑緣)				赤絹裳
蔽膝	〃	赤羅蔽膝				赤絹蔽膝
大帶	〃	赤白二色絹 大帶				
革帶	1品	玉				犀
	2品	犀				正二品-銀金 / 從二品-素金
	3品	金				正三品-銀銀 / 從三品-素銀
	4品	〃				素銀
	5品	銀銀花				黑角
	6品,7品	銀				〃
	8品,9品	烏角				〃
佩玉	1品~3品	玉				燔靑玉
	4品以下	藥玉				燔白玉
綬	1品	綠黃赤紫四色絲	織成雲鳳花錦	下結靑絲網	綬環二(玉)	雲鶴 金鐶綬
	2品	〃	〃	〃	〃 (犀)	
	3品	〃	織成雲鶴花錦	〃	〃 (金)	盤鵰 銀鐶綬
	4品	〃	〃	〃	〃 (金)	練鵲 銀鐶綬
	5品	〃	織成盤雕花錦	〃	〃 (銀鍍金)	〃
	6品	黃綠赤三色絲	織成練鵲花錦	〃	〃 (銀)	〃
	7品	〃	〃	〃	〃 (銀)	鸂鶒 銅鐶綬
	8,9品	黃綠二色絲	織成鸂鶒花錦	〃	〃 (銅)	〃
笏	1品~4品	象牙				象牙
	5品	〃				木
	6品~9品	槐木				〃
襪	1品~9品	白襪				白布
履	1品~9品	黑履				黑皮鞋

이후 조복제도는 중종대에 변화가 많았다. 특히 깨끗하고 아름다운 홍색을 선호하고 더럽거나 파손된 부분에 대한 질책이 분분하였다. 중종 3년1508 혜鞋 의 변경을 시행하였으며,[22] 중종 7년에는 복식의 홍색 금제에 대한 논의가 있었으나 공복과 조복은 제외되었으며,[23] 중종 16년1521에는 중국 조정의 조복은 매우 선명한데 비해 우리나라는 매우 부끄러운 실정이라고 하였다.[24] 중종 29년1534 2월에는 중국의 제도대로 조복을 만들기 위해 북경에서 조복 1부를 구해오도록 하였으며,[25] 중종 29년 11월에 조복을 구해 왔으니 신은 중국의 제도를 본받아 만들고 의상은 그전대로 입는다면 보기에 매우 걸맞지 않을 것이므로 개조할 것을 논의하니, 상의上衣 와 하상下裳 제도는 상고上古 에서 만들어 대대로 이어와서 그 규식과 제도는 다 전승된 것이며, 국조의 초창기에는 반드시 중국의 제도를 본받아 왔으나 차츰 그 참됨을 잃었기 때문에 대부분은 서로 같지만 옷의 장단長短 과 모양이 아주 다르다고 하였으며, 이에 의衣 · 상裳 · 관冠 · 대帶 · 혜鞋 등을 모두 중국의 제도대로 개조하였다.[26] 이후 선조 대에는 임란으로 경제사정이 좋지 않았기 때문인지 조복의 색상으로 짙은 붉은색을 입는 것은 금지하였으며,[27] 영조 19년에는 백관의 조복과 제복은, 의衣 와 상裳 이외에 관冠 · 대帶 · 홀笏 · 패옥佩玉 · 후수後綬 · 폐슬蔽膝 은 모두 조복朝服 으로 통용하도록 하였다.[28]

조선 전기 조복의 형태는 『국조오례의서례國朝五禮儀序例 』1474의 제복도설을 통하여 참조해 볼 수 있으며, 이후 조선 중기 조복의 형태는 『종묘의궤宗廟儀軌 』1706 제복도설에서 살펴볼 수 있다. 조선중기의 제복은 전기의 『국조오례의서례國朝五禮儀序例 』의 제복도설과 비교하여 도설의 형태상으로는 큰 변화 없이 동일하게 이어지고 있다.

---

22 『中宗實錄』, 6권, 중종 3년 9월 16일 신해

23 『中宗實錄』, 15권, 중종 7년 2월 17일 임진

24 『中宗實錄』, 41권, 중종 16년 1월 24일 정축

25 『中宗實錄』, 76권, 중종 29년 2월 1일 무진 "…尹漑今赴京 朝服一部 使之覓來 依中朝制造作…"

26 『中宗實錄』, 78권, 중종 29년 11월 26일 무자 "…今次齎來朝服 靴則只依華制 而衣裳則仍舊 瞻視尤爲不倫… 令該官講求便宜改造之策 衣裳 冠鞋 一依華制 以新朝采 似甚便宜…"

27 『宣祖實錄』, 165권, 선조 36년 8월 10일 계사

28 『英祖實錄』, 57권, 영조 19년 4월 14일 정유

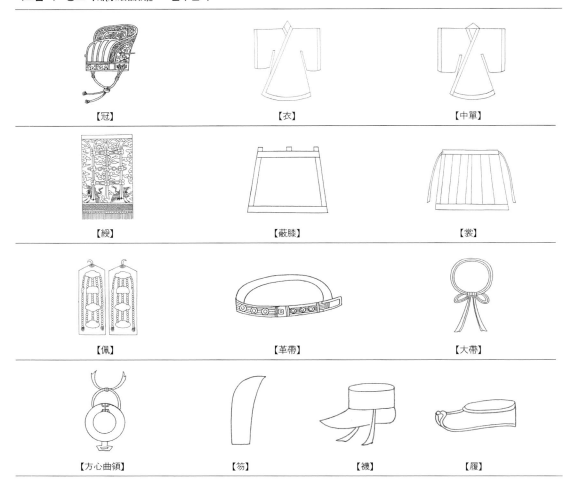

〈그림 1〉『종묘의궤(宗廟儀軌)』¹⁷⁰⁶ 문무관복도文武官服圖

【冠】 【衣】 【中單】

【綬】 【蔽膝】 【裳】

【佩】 【革帶】 【大帶】

【方心曲領】 【笏】 【襪】 【履】

조선은 명^明이 멸하고 청^淸이 세워진 후에도 명대의 것을 습용하였다. 조복 제도상의 가장 큰 변화는 대한제국이 성립되어 고종이 황위에 올라 광무 원년1897에 이루어진 『대한예전大韓禮典』의 조복제도로 이는 『대명회전大明會典』1509을 참고하여[29] 명의 문무백관의 관복등제와 동일하게 양관을 1량에서 7량관까지 제정하였다.[30] 『대한예전大韓禮典』의 관복도는 『대명회전大明會典』의 관복도와 일치하고 있다. 『대한예전大韓禮典』의 조·제복의 제도는 다음과 같다.

• 관^冠은 1품은 칠량관, 2품은 육량관, 3품은 오량관, 4품은 사량관, 5품은 삼량관, 6·7품은 이량관, 8·9품은 일량관이다. 제복관은 칠^漆을 하고, 조복관은 금관^{金冠}으로 도금^{鍍金}을 한다.
• 의^衣는 제복은 흑연^{黑緣}의 흑라의^{黑羅衣}, 조복은 적라의^{赤羅衣}를 착용한다.
• 상^裳은 제복은 적라상^{赤羅裳}에 동색연^{同色緣}, 조복은 적라상^{赤羅裳}이다.
• 중단^{中單}은 조.제복 모두 백초중단^{白紗中單}을 착용한다.
• 폐슬^{蔽膝}은 적라^{赤羅}로 만든다.

---

29 『大明會典』, 卷之六十一 禮部十九 冠服二
30 『大韓禮典』, 卷之四 君臣冠服

176   衣의·紋문의 조선 -옷-

- 수綬 는 1·2품은 황녹적자黃綠赤紫 4가지 색 실로 직성한 운학화금雲鶴花錦 이며, 아래에는 청사망靑絲網 을 맺고, 쌍금환雙金環 을 단다. 3품은 황녹적자黃綠赤紫 4가지 색 실로 직성한 반조盤雕 이며, 4~6품은 황녹적黃綠赤 3가지 실로 직성한 연작練鵲 , 7품 이하는 황녹색黃綠 2가지색 실로 직성한 계칙鸂鶒 이다. 2품은 금환金環 , 3·4품은 은환銀環 , 5품 이하는 동환銅環 을 단다.
- 대대大帶 는 적백라赤白羅 로 합하여 꿰맨다.
- 혁대革帶 는 2품 이상은 금金 , 3·4품은 은銀 , 5품 이하는 동銅 을 쓴다.
- 홀笏 은 4품 이상은 상아象牙 를 쓰며, 5품 이하는 목木 을 사용한다.
- 말襪 는 백포白布 이다.

〈표 2〉 『대한예전』1897 조·제복 제도

구 분	품 계	『대한예전』제 복 / 조 복			
冠	一品	七梁 (冠漆 / 金冠鍍金)			
	二品	六梁			
	三品	五梁			
	四品	四梁			
	五品	三梁			
	六品	二梁			
	七品	〃			
	八·九品	一梁			
衣	全	黑羅衣(黑緣) / 赤羅衣			
裳	全	赤羅裳(同色緣) / 赤羅裳			
蔽膝	全	赤羅蔽膝			
中單	全	白紗中單			
大帶	全	大帶以赤白羅合而縫之			
革帶	一品	金			
	二品	〃			
	三品	銀			
	四品	〃			
	五品以下	銅			
佩	三品以上	기록 無			
	四品以下	기록 無			
綬	一·二品	黃綠赤紫 四色	雲鶴花錦	靑絲網	金環
	三品	〃	盤鵰花錦	〃	銀環
	四品	黃綠赤 三色	練鵲花錦	〃	〃
	五·六品	〃	練鵲花錦	〃	銅環
	七·八·九品	黃綠 二色	鸂鶒花錦	〃	〃
笏	四品以上	象牙			
	五品以下	木			
方心曲領	全	祭服 有 / 朝服 無			
襪	全	白布			
履	全	기록 無			

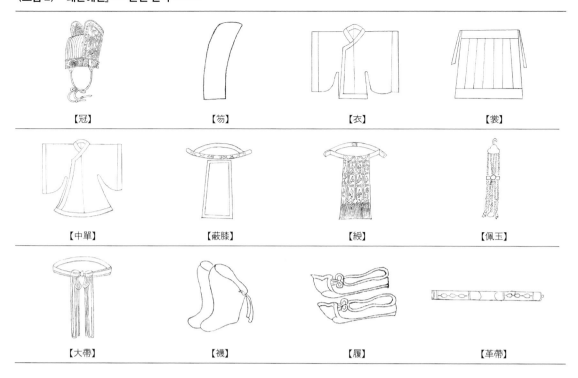

〈그림 2〉 『대한예전』[1897] 군신 관복群臣 冠服

【冠】　【笏】　【衣】　【裳】

【中單】　【蔽膝】　【綬】　【佩玉】

【大帶】　【襪】　【履】　【革帶】

2. 조복의 착용

조복은 종친 및 문무백관들이 국가적인 경사인 정조, 동지, 왕실의 국혼, 탄일과 영조迎詔, 부묘祔廟, 진표眞表 등에 착용한다.[31] 그 외 자신의 원통함을 임금에게 아뢰고자 할 때도 조복을 착용하는 것으로 예를 갖추었고[32] 왕이 신하의 문병을 가거나 의원을 보내 위로할 때에는 조복을 몸에 얹고 누워서 예를 갖추기도 하였다.[33]

문무백관의 조복은 『세종실록』 오례의[1454]와 『국조속오례의國朝續五禮儀』[1744]의 착용례의 경우, 국왕이 면복과 원유관, 강사포를 착용할 때 군신은 조복을 착용하도록 하고 있다. 따라서 조복은 국왕의 면복이나 강사포에 해당하는 문무백관의 최고 예복인 것이다. 이러한 조복은 조선 전기에서 말기까지 제도상으로는 1품에서 9품까지 모두 착용하는 것으로 예전에 기록되어 있다.

태종 12년 예조禮曹에서 관리의 복식이 현실에 맞지 않은 조항을 올렸다. 조복은 임금에게 조회하는 옷인데, 장관長官에게 사용하는 것은 불가하다. 지금 조관朝官으로 새로 임명된 자가 전조前朝의 구습을 따라 조복 차림으로 예궐詣闕하여 사은謝恩하고, 또 그 옷을 입고 장관에게 절함은 실로 미편未便하니 조정의 조사詔使를 맞이하는 예禮에 의하여 대체로 장관을 참례參禮함에는 조복 사용을 불허하되, 외방外方의 관리도 또한 이 예에 의하여 망궐 행례望闕行禮와 영명례迎命禮를 제외하고는 조복 사용을 못하게 하였

31　『世宗實錄』五禮
32　『肅宗實錄』, 6권, 숙종 3년 7월 23일 무술
33　『中宗實錄』, 3권, 중종 2년 8월 9일 경진

다.[34] 조선 초기에는 예제의 확립이 이루어지지 않아 조복 착용의 혼란이 있었던 것으로 보인다.

문무백관의 조복 착용예를 『조선왕조실록朝鮮王朝實錄』을 통하여 살펴보면 다음과 같다.

조복은 임금이 종묘宗廟의 향享과 축祝을 전할 때 시신侍臣은 모두 조복朝服을 갖추었으며[35] 상왕전上王殿에 나아가 전箋을 올릴 때나[36] 종묘에 배알한 뒤에 조하朝賀 의식에서 문무백관은 조복을 착용하였다.[37] 세종 즉위년 11월에 상왕 봉숭上王封崇 의식[38]과 대비大妃를 봉숭封崇하는 의식에서 진책관 이하의 행사하는 집사관과 문무 관원은 모두 조복을 착용하였다.[39] 문묘文廟 작헌의酌獻儀,[40] 종묘宗廟의 춘향대제春享大祭,[41]에 관원은 조복을 착용한다.[42]

조정 사신을 영접하고[43] 중국의 부절과 고서를 받을 때도 조신朝臣은 조복을 착용하였다.[44] 태종 14년 있은 제정帝正[45] 하례시 태종은 시복時服을 착용하고 백관百官은 조복을 착용하였다.[46] 세종 1년 1월에 창덕궁昌德宮에서 황제에게 올리는 표전表箋 배례 의식에서는 임금은 면복冕服을 착용하고 관원은 조복을 착용하였으며[47] 황제의 천추절千秋節 하례시에도 백관은 조복을 착용하였다.[48]

동지冬至에 백관이 조복차림으로 중국을 향하여 망궐례望闕禮를 행하였으며,[49] 임금이 망궐례望闕禮를 마친 다음, 인정전에 나아가 조하를 받을 때 백관은 조복을 착용한다.[50]

세종 즉위년 11월 중궁 심씨沈氏를 책봉하는 의식[51]과 세종 9년 세자빈 책봉 의식에서 백관은 조복을 착용하고[52] 성종이 경복궁景福宮에서 즉위卽位 시 임금은 면복冕服을 갖추고 문무 백관文武百官들이 조복朝服을 갖추고 하례賀禮를 올렸다.[53]

세종 3년 원자元子 이향李珦이 조복을 차리고 책봉冊封 받는 의식을 대궐 뜰에서 연습하였으며[54] 왕세자王世子를 책봉하는 의식에서 문무 여러 관원들은 조복을 착용하였다.[55]

성절聖節 하례시[56]와 왕세자王世子가 조하朝賀를 받는 의식에서 종친과 문무 백관들이 각기 조복을 착용한다.[57]

---

34 태종실록 24권, 태종 12년 11월 5일 병술
35 정종실록 6권, 정종 2년 12월 22일 임자
36 세종실록 1권, 세종 즉위년 8월 11일 무자
37 세종실록 1권, 세종 즉위년 9월 27일 갑술
38 세종실록 2권, 세종 즉위년 11월 7일 계축
39 세종실록 2권, 세종 즉위년 11월 7일 계축
40 세종실록 44권, 세종 11년 5월 24일 기사
41 세종실록 27권, 세종 7년 1월 14일 을유
42 세종실록 31권, 세종 8년 1월 10일 을사
43 태종실록 16권, 태종 8년 9월 24일 기사
44 세종실록 3권, 세종 1년 1월 19일 갑자
45 명나라 황제(皇帝)가 맞이하는 신정(新正).
46 태종실록 27권, 태종 14년 1월 1일 병자
47 세종실록 3권, 세종 1년 1월 22일 정묘
48 세종실록 12권, 세종 3년 7월 23일 계미
49 세종실록 14권, 세종 3년 11월 19일 무인
50 세종실록 6권, 세종 1년 11월 27일 정묘
51 세종실록 2권, 세종 즉위년 11월 10일 병진
52 세종실록 36권, 세종 9년 4월 9일 정묘
53 성종실록 1권, 성종 즉위년 11월 28일 무신
54 세종실록 13권, 세종 3년 10월 26일 을묘
55 세종실록 13권, 세종 3년 10월 26일 을묘
56 단종실록 2권, 단종 즉위년 8월 3일 계해
57 문종실록 3권, 문종 즉위년 8월 20일 신묘

그 외 경종 3년 밤 4경四更 에 있은 회맹제會盟祭[58]에서 제관은 제복祭服 을 착용하고 배제관은 조복朝服 을 착용하였으며,[59] 광해군대에는 대례大禮 를 거행할 때에 조복을 입지 않고 흑의黑衣 를 착용한 송산군 松山君 김위金渭 를 무례하다하여 추고하였다[60]

이외에 조복을 착용해야 하는 경우임에도 불구하고 다른 옷으로 대신한 경우도 있다. 임진왜란 이후 선조宣祖 대에는 동지사冬至使 가 배사하였는데 백관들은 조복朝服 이 없다는 이유로 시복時服 으로 예식을 거행하였고,[61] 선조 35년에는 종묘에 친제할 때 모든 제관의 제복을 준비하게 하였는데 해사의 물력이 궁핍하여 기준 수량을 다 마련할 형편이 못 되어 헌관獻官 과 찬작관饌爵官 의 일부 제관을 제외한 나머지 여러 집사執事 들은 모두 조복朝服 으로 행례하였다.[62] 광해군 9년에는 조관들이 조복을 갖추어 입는 일에 대해 명을 내린 뒤에 흑단령을 입은 사람은 조반朝班 에 참여하지 못하였던 것을 들어 속히 조복을 마련하여 착용할 것을 명하였다.[63] 인조 대에는 육례六禮 를 치를 때 백관은 모두 조복을 입고 집사는 혹 공복을 사용해야 하는데, 조복과 공복을 갑자기 준비하기 어려워 정사正使 와 부사副使 이외에는 모두 흑단령을 입도록 하였다.[64] 난亂 으로 소실되었던 조복은 효종 대에도 복구되지 않아 부묘의祔廟儀 에 임시방편으로 흑단령黑團領 을 착용하고 예를 행하기로 의정 하였다가 막중한 대례大禮 이므로 조복 착용을 다시 논의하며 의복과 양관은 갑자기 준비하기 어려우니 양관은 풀 먹인 종이에다 금물을 발라 제작하여 날짜에 맞춰 착용하도록 하고 있다.[65] 이렇듯 조복의 착용은 계속되는 난으로 혼란을 거듭한다.

이후 현종 11년1670 왕세자 관례의 의례절차에서는 종친 및 문무백관 4품 이상은 조복, 5품 이하는 흑단령을 착용하였으며,[66] 경종 즉위 시에 백관은 3품 이상은 조복을 갖추어 입고 그 이하는 흑단령을 입었다.[67] 이러한 조복의 착용례는 영조대『국조속오례의國朝續五禮儀』1744에서 법제화되어 백관들이 조복을 착용해야 하는 경우 4품 이상만 조복을 착용하고, 5품 이하는 흑단령黑團領 을 착용하도록 규정하고 있다. 이는 〈무신진찬도병戊申進饌圖屛 〉1848와 〈왕세자탄강진하도王世子誕降陳賀圖 〉1847에서 확인된다.

정조 23년에는 선조先朝 때에는 시종侍從 가운데 조복을 착용한 자가 절반도 안 되었었는데 어느새 사치 풍조가 날로 자라나 제향祭享 하는 반열에서 통청通淸 이 안 된 사람들과 참하參下 인 문관들까지 모두 조복을 착용한[68] 것으로 보아 5품 이하는 흑단령을 입도록 하였던 규제는 정조대에는 제대로 지켜지지 않아 오히려 조복을 착용하였던 것으로 보인다.

---

58 경종실록 11권, 경종 3년 3월 11일 경
59 경종실록 11권, 경종 3년 3월 11일 경인
60 광해군일기 118권, 광해 9년 8월 20일 임자
61 『宣祖實錄』, 30권, 선조 25년 9월 14일 신미
62 『宣祖實錄』, 154권, 선조 35년 9월 14일 계유
63 『光海君日記』, 117권, 광해 9년 7월 29일 신묘
64 『仁祖實錄』, 37권, 인조 16년 10월 9일 무술
65 『孝宗實錄』, 6권, 효종 2년 6월 14일 기미
66 『承政院日記』, 十一册, 顯宗 11年 3月 丙寅 "…宗親及文武百官 四品以上朝服 五品以下黑團領 …賓以下諸執事 具朝服 … 將行世子 冠禮也…"
67 『景宗實錄』, 1권, 경종 즉위년 6월 13일 무신 "上卽位于慶德宮 政院 玉堂 春坊官具朝服 列坐于資政門外東庭 設縟位… 三品以上具朝服 以下具黑團領…"
68 『正祖實錄』, 52권, 정조 23년 10월 10일 을미

〈표 3〉 『세종실록 오례의』 조복 착용례

의 례		국왕	왕세자	종친, 문무백관
길례	친제 사직의 (親祭社稷儀)	관포	조복	조복
	제사직 섭사의 (祭社稷攝事儀)	〃		〃
	협향종묘 섭사의 (祫享宗廟攝事儀)	〃		〃
	친협 종묘의 (親祫宗廟儀)	〃	조복	〃
	사시급납 친향 종묘의 (四時及臘親享宗廟儀)	〃	〃	〃
	사시급납 향종묘 섭사의 (四時及臘享宗廟攝事儀)	〃		〃
	친향 선농의 (親享先農儀)	〃		〃
가례	정지 급 성절 망궐 행례의 (正志及聖節望闕行禮儀)	면복	조복	〃
	황태자 천추절 망궁 행예의 (皇太子千秋節望宮行禮儀)	〃	〃	〃
	영조서의 (迎詔書儀)	〃	〃	〃
	배표의 (拜表儀)		조복	〃
	전향의 (傳香儀)	원유관, 강사포		〃
	정지 왕세자 조하의 (正志王世子朝賀儀)	면복	조복	
	정지 백관 조하의 (正志百官朝賀儀)	〃		〃
	중궁 정지 백관 조하의 (中宮正志百官朝賀儀)	왕비-적의		〃
	정지 탄일 사신급 외관 요하의 (正志誕日使臣及外官遙賀儀)			〃
	삭망 왕세자 조하의 (朔望王世子朝賀儀)	원유관, 강사포	조복	문관-조복 무관-기복(器服)
	삭망 백관 조의 (朔望百官弔意)	〃		조복
	하상서의 (賀祥瑞儀)	〃		〃
	사신급 외관 배전의 (使臣及外官拜箋儀)			〃
	사신급 외관 영교서의 (使臣及外官迎敎書儀)			〃
가례	납비의 (納妃儀)	납채 (納采)	면복	〃
		납징 (納徵)	원유관, 강사포	〃
		책비 (册妃)	〃	〃
		명사봉영 (命使奉迎)	면복/적의	〃
	책비의 (册妃儀)	〃		〃
	책왕세자의 (册王世子儀)	면복	면복	〃
	책왕세자빈의 (册王世子嬪儀)	원유관, 강사포		〃
	왕세자납빈의 (王世子納嬪儀)	납채 (納采)	면복	〃
		납징 (納徵)	원유관, 강사포	〃
		책빈 (册嬪)	〃	〃
		임헌초계 (臨軒醮戒)	면복	조복	조복
	교서반강의 (敎書頒降儀)	원유관, 강사포	〃	
	문무과방방의 (文武科放榜儀)	〃		조복

그림 3. 〈왕세자 탄강진하도〉 진하례
『조선시대 향연과 의례』 p.14

그림 4. 〈무신진찬도병〉
『진연진찬진하병풍』 p.49

그림 5. 〈원행정리의궤도〉
『조선시대 향연과 의례』 p.14

3. 조복과 제복의 조달

　백관의 조복과 제복은 조선전기에는 제용감濟用監에서 제조하여 공급하였다.[69] 제복의 경우에는 국가에서 엄격하고 철저히 관리하였으며 제복이 헐어서 고칠 수 없는 것은 태워 제례복으로 신선함을 유지하였다.[70] 조복의 경우도 조선 전기에는 국가에서 관리하였다.

　세종 대에는 조복을 만드는 데는 공비工費가 많이 드니, 통예문이 매년 점검하여 더럽히고 파손하거나 유실하는 자는 징계하도록 하였다.[71] 이후 성종 2년1471에는 제용감에서 수장하여 착용하던 조복이 오래되어 더럽고 헤어져서 중국에서 비단을 사다가 조복을 개조하였으나[72] 성종 16년1485에는 여전히 조복이 찢어지고 더러워 도리어 상복만도 못하여 너무나 조정의 광채光彩가 없으니 더럽거나 찢어진 옷을 입은 자는 규찰하도록 하였다.[73] 조선전기 국가에서 관리하던 조복은 성종대에도 이어진다. 하지만 중종 3년1508에는 조복은 사비私備하고 제복은 공비公備 하라는 전교가 있었다.[74] 이렇듯 조복의 사비, 즉 개인이 장만하게 되는 제도는 중종 대에 시작되어 국말까지 지속하게 된다.[75]

　제복의 경우 선조 대 종묘 친제시에 착용할 모든 제관의 제복을 국가에서 마련하였다.[76] 하지만 지속된 난으로 국가에서 모든 것을 마련하기 어려웠으며 광해군 대에는 더러워진 제복으로 인해 제관 스스로 제복을 만들 것을 허락하였으며,[77] 일부 몇 벌의 제복만 별도로 정밀하게 만들고 사대부들은 자신이 정밀하게 만들도록 하고 있다.[78]

　중종 대 이후 조복을 사비해야 하는 사가에서도 계속되는 난으로 조복이 소실되었으며 새로 장만하는데도 어려움이 있었다. 광해군 대에는 예모관禮貌官 들이 착용하는 조복이 몹시 누추하고, 패옥을 갖추지 못하여서 도감으로 하여금 약간씩 다시 마련해서 지급해주었고,[79] 효종 대에도 양관은 갑자기 준비하기 어렵다 하자, 풀 먹인 종이에다 금물을 발라 날짜에 맞춰 양관을 착용하도록 하고, 일부 관원이 착용할 것은 특별히 상방尙方으로 하여금 만들어 지급하게 하였다.[80]

　이후 경제가 회복되고 안정되면서 정조 대에는 다시 제복은 제용감에서 제조하여 공급하며[81] 국가에서 관리하나, 조복은 사비의 제도가 이어져 온다. 이 이유로 제복의 경우 국말의 유물만이 전해지고 있지만, 조복의 경우 조선 중기 조복이 출토되는 배경이 된다.

69　『成宗實錄』, 10권, 성종 2년 5월 18일 경인

70　최영선(2004), 조선시대 문무백관 제복에 관한 연구, 단국대학교 대학원 석사학위논문, p.133

71　『世宗實錄』, 59권, 세종 15년 1월 10일 갑자

72　『成宗實錄』, 10권, 성종 2년 5월 18일 경인

73　『成宗實錄』, 142권, 성종 13년 6월 15일 임자

74　『中宗實錄』, 6권, 3년 9월 14일 기유

75　장정윤(2003), 조선시대 문무백관 조복에 관한 연구, 단국대학교 대학원 석사학위논문, p.53

76　『宣祖實錄』, 154권, 35년 9월 14일 계유

77　『光海君日記』, 27권, 광해 2년 윤3월 21일 병인

78　『光海君日記』, 27권, 광해 2년 윤3월 24일 기사

79　『光海君日記』, 116권, 9년 6월 25일 무오

80　『孝宗實錄』, 6권, 2년 6월 14일 기미

81　『正祖實錄』, 41권, 정조 18년 9월 5일 기축

4. 조복 제도의 변화

태종대로부터 세종대에 걸쳐 확립된 백관의 조복제도는 『경국대전經國大典』1474에서 제도적인 완성을 보인다. 그 후 대한제국이 성립되어 『대한예전大韓禮典』1897의 제도가 제정되기 이전까지는 제도상으로는 큰 변화가 없다. 하지만 조선 중기 이후 조복의 제도는 변화가 있었음이 여러 자료를 통해서 확인된다. 그 내용을 살펴보면 다음과 같다.

1) 양관의 구분

태종대에 제정된 양관은 1량에서 5량까지이며 각잠角簪을 사용하였고, 그 후 『경국대전經國大典』1474에서는 각잠角簪이 목잠木簪이라는 표현으로만 바뀌었을 뿐 제도상으로는 변함이 없고, 조·제복의 양관제도는 동일하다.

중종 29년1534에는 북경에서 조복 1부를 구하여 오도록 해서 중국의 제도대로 만들게 하고, 이두석泥豆錫을 만드는 방법도 익혀 오게 하였다.[82] 이두석은 양관을 만들 때 금빛을 내기 위해 바르는 재료를 말한다.[83]

양관은 공조工曹로 하여금 제조하게 하였는데, 광채의 선명함이 중국과 달라 중국에서 사 온 양관과 국내에서 제작된 양관을 함께 사용하면 조정의 빛깔이 고르지 않을 것을 염려하였지만 당상관의 것만 무역하도록 하였다. 무역품인 당상관의 것은 니금泥金, 당하관의 것은 두석豆錫으로 되어 광채가 달라 자연히 상하가 구별되어 조의朝儀가 문란하지 않아 합당하다고 하였다. 이때의 양관 하나의 값이 3~4 은전에 불과하고, 양관의 제도가 앞뒤를 각각 따로 만들었기 때문에 분리하면 모양이 나누어지고 합하면 완전해지므로 사가지고 올 적에 분리하여 쌓아오도록 하였다.[84] 2년 후인 중종 321537년에는 조복朝服의 제도를 중국을 모방하려고 관에 니석泥錫을 사용했으나 여러 사람이 정반庭班에 서면 햇빛이 비추어 금빛이 찬란하고, 금관金冠은 상께서도 쓰시지 않고 대국大國과 소국小國은 그 제도가 같지 않은데 배신陪臣이 금관은 쓴다는 것은 더욱 부당하니 우리나라 제도를 지키고자 하였다.[85]

『제기악기도감의궤祭器樂器都監儀軌』1624에서는 제복을 만드는 재료와 소요량을 상세히 기록하고 있다.[86] 양관의 형태는 예전禮典의 도설과는 차이를 보이며 양관은 전체에 먹을 칠하도록 함으로서 제복용으로 제작되었음을 알 수 있다.[87]

『종묘의궤宗廟儀軌』(1706)의 양관은 흑초黑綃로 싸고 자황으로 그림을 그리며 양의 전후 상하에도 자황으로 그림을 그린다. 잠簪은 나무로 만들고 잠簪의 머리에 그림을 그린다.[88] 자황은 유황과 비소의 화합물로 천연의 황색이며 가루로 만들어 금색의 채료로 사용되었다.[89]

정조대의 『경모궁의궤景慕宮儀軌』1784에는 조복관과 제복관을 구별하여 기록하였다. 제복관은 칠은

---

82 『正祖實錄』, 76권, 중종 29년 2월 1일 무진 "尹漑今赴京 朝服一部 使之覓來 依中朝制造作 瀝靑 白鐵 泥豆錫造作之法 亦令習來何如 傳日 如啓"
83 박성실(2006), 대사헌 정인학(1839~1919)의 육량관 소고, 『대한가정학회지』 제44권 1호, p.2
84 『中宗實錄』, 79권, 30년 4월 21일 신해
85 『中宗實錄』, 85권, 32년 10월 28일 갑술
86 『祭器樂器都監儀軌』, 二房所掌
87 박성실(2006), 상게서, p.3
88 『宗廟儀軌』, 卷之一 祭服圖說 "…今諸執事所着則制如梁冠 而裏黑綃 而雌黃畵梁前後上下亦以雌黃繪畵以木爲簪簪頭繪畵"
89 심연옥(2006), 『한국직물문양』, p.150

금량관金梁冠을 따르고 사이에는 금박을 입히며, 화잠花簪은 나무를 쓰는데 양 끝은 금을 바르고 가운데는 흑칠을 하며, 갓끈은 조사條絲를 쓴다.[90] 조복관으로는 관영冠纓은 제복의 관과 제도가 같고 다만 금박을 입히고, 목잠은 금색을 전부 칠한다고 되어 있다.[91] 이후 정조 18년1794년에는 의복의 사치풍습으로 제사를 돕는 집사執事들이 관에서 지급한 제복과 관을 쓰지 않고 따로 사사로이 만든 화려한 것을 착용한다고 하였으며[92] 제복관에 흑칠을 하고 금金으로 새겨서 만드는 것을 금하였다.[93]

국초의 양관은 조복과 제복용으로 통용되었으나, 인조 대 이후 조·제복의 관은 구분되었으며 정조대에 조·제복의 관을 다시 통용하도록 하였음에도 불구하고 이 제도는 국말까지 계속 시행된다. 금관과 제관이 함께 끼워져 보관되어 전하는 양관은 국말까지 조복관과 제복관이 구별되어 착용 되었던 것을 확인할 수 있다.

이후 대한제국이 성립된 후 양관 제도는 명 제도와 동일하게 적용한 1량관에서 7량관까지를 제도화하였다.[94] 1~5량 이외의 제도로는 조선 전기 세자에게 사여 되었던 육량관六梁冠을[95] 제외하고는 대한제국 성립 후 제도인 『대한예전大韓禮典』1897에서 확인된다.

양관은 1품에서 9품에 이르기까지 제도상으로는 국말까지 존재하나 현재 전하는 양관의 유물로는 대부분이 5량관이다. 그 외 3량관과 대한제국 후의 제도인 6량관이 일부 전하며 다른 양수의 관은 전하지 않는다. 이는 임진왜란 이후 군신의 장복이 채 복구되지 않은 상태에서 거듭되는 난亂으로 4품 이상은 조복, 5품 이하는 흑단령을 착용하게 되었기 때문으로 볼 수 있다. 또한, 선조 대에는 금량관으로 5량과 3량의 두 등이 있다는 것으로[96] 미루어 보아 당상관은 5량관, 당하관은 3량관을 사용하였다고 볼 수도 있다.[97] 칠량관제七梁冠制의 실행 여부는 국말의 육량관 유물을 통하여 알 수 있다.

〈표 4〉 양관도梁冠圖

세종오례의 (1454)	국조오례의 (1474)	제기악기도감의궤 (1624)	종묘의궤 (1706)	춘관통고 (1778)	사직서의궤 (1783~1803)	태학지 (1785)	대한예전 (1897)

90 『景慕宮儀軌』, 祀冠 祭服圖說 "…漆體金梁間箔金花簪用木 兩端塗金中黑漆纓用條絲"
91 『景慕宮儀軌』, 宗親文武陪享官 冠服圖說 "冠纓與祭服冠同制 但塗箔金木簪純塗金色"
92 『正祖實錄』, 39권, 정조 18년 3월 29일 병진
93 『增補文獻備考』, 卷七十九 章服一 "十八年 禁祭服冠 黑漆鏤金之製"
94 『大韓禮典』, 卷之五 君臣官服
95 『世宗實錄』, 42권, 세종 10년 11월 26일 갑술
96 『增補文獻備考』, 卷七十九 禮考二十六 章服1
97 金素賢(1894), 綬에 關한 考察, 이화여대 대학원 석사논문, p.57

사관 제복도설 (祀冠 祭服圖說)	종친문무배향관 관복도설 (宗親文武陪享官 冠服圖說)
漆體金梁間金箔金花簪用木 兩端塗金中黑漆纓用絛絲	冠纓與祭服冠同制 但塗箔金木簪純塗金色

그림 6. 금관과 제관 『유당 신태관일가 유물』 p.141

그림 7. 금관과 제관 『crafts of the Inner court』 p.36

그림 8. 정인학(1839~1919) 육량관 단국대
석주선기념박물관 소장

그림 9. 박해용(1885~?)
육량관 출처: 문화재청

2) 중단의 대용과 색상

문무백관 조·제복의 백초중단白綃中單 은 제도상으로는 통용되어 국말까지 이어지고 있다. 그러나 조선 중기 조복의 중단 착용은 제대로 이루어지지 않아 청색 창의氅衣 를 중단으로 착용하였다. 이에 정조 13년1789에는 조복에 백삼白杉 을 입지 않은 자는 파면하게 하였으나,[98] 이후 정조 17년1793 백색 창의氅衣 를 금지하고 청색 창의로 통일하자는 논의를 하게 된다.[99] 이는 조복의 중단이 청색으로 변경 되는 계기가 되었으며, 이와 같은 논의는 법으로 제정되지 않았기 때문에 예전禮典 에 기록된 조·제복 제도에는 국말까지 백초중단이 통용된다. 하지만 실질적으로는 조복의 중단은 청색으로 변화하여

---

[98] 『增補文獻備考』, 卷七十九 禮考二十六 章服一 "正祖十三年 正月 社稷 祈穀大祭 親詣省牲器時 敎諸臣朝服不服白杉子先罷後拿"
[99] 『正祖實錄』, 38권, 정조 17년 10월 20일 경진

정착되었다. 변경된 청색중단은 국말의 유물과 대원군의 초상화에서 확인된다. 조선 중기 조복을 착용한 초상화에서는 중단으로 창의를 착용한 모습을 확인할 수 있다.

체제공과 밀창군, 이직의 초상화를 살펴보면, 중단으로 가선장식이 없는 옥색을 착용한 것을 확인할 수 있으며, 이는 앞에서 논의한 창의일 가능성이 높다. 그러나 『원종예장도감의궤元宗禮葬都監儀軌』1627 조복제구朝服諸具에서 조복의 중단으로 도식과 함께 초록색 도포가 확인되며, 실제 조복 출토복식에서는 일반적으로 중단이 출토되지 않는 경우에는 창의와 도포가 모두 출토되어 이와 같은 가능성을 뒷받침해준다.

그림 10. 채제공(1720~1799) 『한국의 초상화』 p.311 | 그림 11. 밀창군(1677~1746) 『초상화의 비밀』 p.146 | 그림 12. 이익정(1699~1782) 『초상화의 비밀』 p.147 | 그림 13. 대원군(1820~1898) 『초상화의 비밀』 p.19

『원종예장도감의궤元宗禮葬都監儀軌』1627는 인조의 생부인 정원군1580~1619 사후 반정으로 즉위한 인조(1623-)가 즉위하자 대원군으로 추숭하고 정묘년1627에 김포에 개장할 때 국장이 아닌 예장으로 치루어진 의궤이다. 조복제구 도설에는 오량관의 조복 일습으로 조복 1건 양관 1(5량), 영자, 비녀, 홍삼과 홍상 1, 폐슬 1, 화 1, 초록색 무늬가 있는 대단으로 만든 도포 1, 패옥을 이루는 여러 도구 도설이 있다.[100]

『원종예장도감의궤元宗禮葬都監儀軌』1627의 도식 중 그 외 다른 사항에 대해서는 다음 장에서 조복유물과 함께 논의하고자 한다.

---

100 서울대학교 규장각 한국학연구원 『元宗禮葬都監儀軌』(1627) 〈圭13518〉 朝服諸具: 朝服一件 梁冠一(五梁) 纓子 簪 紅衫과 紅裳一 蔽膝一 靴子一 草綠有紋大段道袍一 佩玉諸具

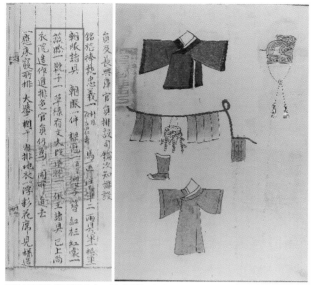

그림 14.『원종예장도감의궤』조복제구(朝服諸具)

3) 패옥

'패옥佩玉'은 '옥을 차다'라는 의미로 해석되지만 여기서는 '패佩'가 '배倍'의 의미이다. '배倍'는 '더하다'라는 뜻으로 하나가 아니라 여러 개의 사물을 더해 쓴다는 의미이며 모양이 서로 다른 여러 개의 옥을 엮으면 패옥이 되고 패는 덕을 상징하며,[101] 옥이 서로 부딪쳐 나는 소리는 마음에 사악함이 깃들지 못하고 늘 신중하며 평화로운 마음을 갖게 된다고 여겼다. 왼쪽의 패佩는 덕패德佩이고, 오른쪽의 패佩는 사패事佩이므로 직무에 책임을 다하고자 함을 나타낸 것이다.[102]

패옥은 조복제도 제정 시에 1~2품은 옥玉, 3품 이하는 약옥藥玉을 사용한다[103]하였으나『경국대전經國大典』1485에서는 3품 이상은 번청옥燔靑玉, 4품 이하는 번백옥燔白玉으로 제정되었다.[104]

태종 16년 조복의 제정이 있고 난 뒤에 조복에 사용되는 물자를 무역하도록 하였는데, 패옥을 바꾸는데 마포麻布 46필을 가지고 가도록 하였다. 그러나 상의원에서 영길도永吉道의 예원預原과 평안도의 의주義州에서 나는 청옥靑玉으로 만든 패옥을 바치니, 태종은 대단히 아름답다 하여 중국에서 패옥을 무역하지 않고 국내의 옥을 사용하도록 하였다.[105]

패옥은 제도상으로는 1~9품까지를 모두 기록하고 있으나 조선 중기에는 착용이 제대로 이루어지지는 않은 것으로 보인다. 난亂을 겪은 뒤에 조복은 제대로 갖추어지지 않아 광해군 대에는 조복을 착용해야 하는 예모관禮貌官들이 패옥佩玉을 갖추지 못하여서 도감으로 하여금 약간씩을 마련해서 지급해주었으며,[106] 효종 2년1651에도 패옥佩玉은 사옹원으로 하여금 저축해 둔 미포米布를 내어 각 1부部씩 구워 만들어 백관에게 나누어 주게 하였다.[107]

101 　최연우(2015), 상게서, p.71~72
102 　홍나영(1990), 佩玉에 관한 硏究,『韓國服飾』, 제8호, p.2~3
103 　『太宗實錄』, 31권, 태종 16년 3월 30일 임술
104 　『經國大典』, 卷之三 禮典
105 　『太宗實錄』31권, 태종 16년 5월 3일 갑오
106 　『光海君日記』, 116권, 광해 9년 6월 25일 무오
107 　『孝宗實錄』, 6권, 2년 6월 14일 기미

제복에 착용하는 패옥도 예외는 아니어서 숙종 대 『종묘의궤宗廟儀軌』1706에는 정1품 헌관과 천조관은 해사該司에서 준비된 패옥을 갖추고 다른 집사는 없다고 기록하고 있다.[108] 이후 영조 19년1743에는 백관의 제복은 의·상 이외에 관·대·홀·패옥·후수·폐슬은 모두 조복으로 통용하여 사용하도록 하였다.[109] 이후 영조 44년1768에는 제사에 참여하는 내시와 집사가 제용감濟用監의 제복祭服을 입지 않고 너무나 지나치게 패옥을 찬다고 하였다.[110]

패옥은 『국조오례의서례國朝五禮儀序例』1474 문무관 제복도설의 설명에 의하면 패는 2개이며, 위에는 형衡을 다는데 동銅으로 고리를 한다. 다음에는 중형中衡을 하고, 가운데는 거琚·우瑀를 달며 아래에는 충아衝牙와 쌍황雙璜이 중형의 양쪽 옆에 있다. 또 쌍동雙同이 충아의 양쪽에 있고, 약옥으로 뚫는데 그 형·거·우·쌍황·충아·적자滴子는 모두 민옥으로 만든다.[111]

도설에서 보이는 패옥의 형태는 패옥의 받침인 소수小綬가 있으며 국초의 소수에서는 소수의 아래에 드리워진 수綬가 없으나 조선 중기 이후에는 소수 받침에 수綬가 첨가된다. 이러한 패옥의 형태는 전傳 고종의 패옥과 같은 형태이며, 『대한예전大韓禮典』1897의 패옥에서는 소수小綬가 없다.

『원종예장도감의궤元宗禮葬都監儀軌』1627의 패옥은 도설과는 다른 형태로 원형으로 된 패옥을 전상과 후상 사이에 착용하며 전상과 후상을 연결하는 홍색 끈에 끼워져 있는 것으로 보인다.

유물에서 확인되는 군신의 패옥은 청색의 패옥 주머니인 사대紗袋가 있으며, 이러한 사대는 원래 없었으나, 명明 가정 연간에 세종世宗이 대궐에 오를 적에 시신侍臣이 차고 있던 옥패玉佩가 바람에 날려 세종 황제의 옥패와 서로 얽힌 일이 있고 난 뒤에 조서를 내려 옥패 자루帒를 만들어 얽히는 것을 방지하게 하였다.[112]

〈표 6〉 패옥도佩玉圖

세종오례의 (1454)	국조오례의 (1474)	종묘의궤 (1706)	춘관통고 (1778)	사직서의궤 (1783~1803)	경모궁의궤 (1784)	태학지 (1785)	대한예전 (1897)

---

108 『宗廟儀軌1』(2009) 문무관 관복 한국고전번역원 p.171
109 『英祖實錄』, 57권, 19년 4월 14일 정유
110 『英祖實錄』, 110권, 영조 44년 5월 10일 정유
111 『國朝五禮儀序禮』, 卷之一 吉禮 祭服圖說
112 『晝永編』卷一

그림 15. 『원종예장도감의궤』 패옥

그림 16. 잡패도(雜佩圖)
『삼재도회』

그림 17. 심동신 패옥
『문화재대관』 p.17

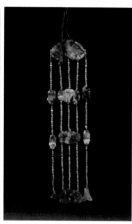

그림 18. 정온 패옥
출처: 문화재청

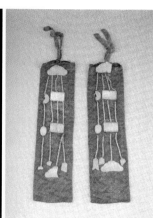

그림 19. 정원용 패옥
『문화재대관』 p.38

그림 20. 傳 고종 패옥
『문화재대관』 p.18

4) 조복용 신발의 변화

예전禮典의 기록에서는 제도상으로 조복의 신발과 제복의 신발은 동일하게 리履나 혜鞋로 기록되어 있다. 하지만 중종 대 이후 조복과 제복의 신은 구분되었다.

중종 3년1508에 중국에서 조복과 제복에 신는 화靴를 얻었는데 이는 매우 정결하고 본국의 혜말鞋襪은 누추하니, 중국 제도를 따르자고 하였다.[113] 이에 간원에서 조복과 제복의 혜말鞋襪을 변경하는 것을 반대하니, 중종은 기한을 멀리하여 시행하게 하였다.[114] 중종 29년에는 중국의 관복冠服을 사 가지고 와 그 제도를 살펴보니 가죽신은 우리나라에서는 가죽 위에 말襪을 붙이고 그 말 위에 혜鞋를 덧붙이나, 중국의 가죽신은 석舃을 잇대어 만들어 편리하게 여겨 중국의 제도를 본받도록 한다.[115] 제도 상과는 다르게 조복과 제복의 신발이 구분되었으며 조복용 신발이 화靴로 바뀌게 되는 시점이 이때이다. 인조대의 『원종예장도감의궤元宗禮葬都監儀軌』1627에서 조복의 화靴를, 정조대의 『경모궁의궤景慕宮儀軌』1784 도설에는 조복용은 흑피화黑皮靴, 제복용은 끈이 부착된 흑피리黑皮履로 구분되어 변화된 조·제복의 신발을 확인할 수 있다. 그 외 밀창군, 이익정, 대원군의 초상화에서도 조복용 흑피화를 신은 모습

---

113 『中宗實錄』, 6권, 중종 3년 9월 14일 기유
114 『中宗實錄』, 6권, 중종 3년 9월 16일 신해
115 『中宗實錄』, 78권, 중종 29년 11월 25일 정해

을 확인할 수 있으며, 국말 유물자료에서도 제복용 신으로는 혜靴가 남아있으며, 조복에는 화를 착용한 모습을 볼 수 있다.

〈표 7〉『경모궁의궤』¹⁷⁸⁴ 리(履)와 화靴

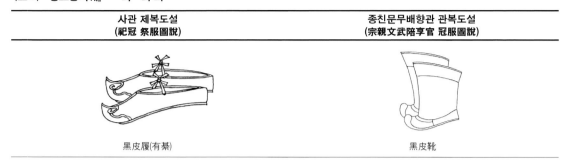

사관 제복도설 (祀冠 祭服圖說)	종친문무배향관 관복도설 (宗親文武陪享官 冠服圖說)
黑皮履(有綦)	黑皮靴

III. 권우權堣, 1610~1675 조복 고찰

1. 발굴현황

권우權堣, 1610~1675 의 조복은 2016년 3월 30일 경기도 남양주 별내동 안동권씨 충숙공파 종중安東權氏 忠肅公派 宗中 권우 묘에서 출토되었다. 출토유물은 조복, 단령 등을 포함하여 약 27건 34점이 수습되었다.

권우의 묘는 2012년 10월 19일 권절權節, 1422~1494 의 묘역 아래로 이장하였다. 이장 시 상황은 이장작업을 주관하였던 당시 문중의 총무인 권오중 후손을 통하여 발굴 당시의 사진자료와 관련 정보를 제공받았다. 이에 따르면 묘의 형태는 호석원형분護石圓形墳 으로 파묘시 '가선대부嘉善大夫 ....'라고 적힌 명정이 확인되었으며, 이장시에는 대렴과 소렴에 사용된 이불과 의복은 초장지 관 안에 그대로 넣어 흙을 덮어 두었고, 보공과 습의는 함께 옮겨 새 이장지로 이장하였다.

그 후 문중에서 이장 시 발견되었던 복식의 중요성을 인식하여 적극적인 도움으로 조복이 공개될 수 있었다. 3년 5개월 만인 2016년 3월 30일 초장지에서 이장 시 그대로 묻어 두었던 유물 중 일부를 수습하였고, 권절 묘역 아래로 이장된 권우 묘를 다시 열어 습의를 비롯한 이장 시 함께 옮겨 묻었던 조복과 바지, 포 등을 수습하였다.

출토된 조복朝服 은 보공용으로 사용되었던 것으로 모두 상색으로 변화된 상태로 일부는 훼손된 상태였다. 그중 폐슬이 가장 위에서 수습되었으며, 출토된 권우 조복은 의·상·폐슬·후수·대대 총 5점이다.

그림 21. 명정

그림 22. 보공용 후수

그림 23. 습의 착용 모습

그림 24. 초장지에 복식을 넣은 모습

그림 25. 새 이장지 모습

2. 묘주 인적사항[116]

권우權堣, 1610~1675 의 본관은 안동安東 이며, 자는 자명子明 , 호는 동곡東谷 이다.

권희윤權禧胤 의 증손으로, 할아버지는 권결權潔 이고, 아버지는 권확權鑊 이며, 어머니는 안사흠安士欽 의 딸이다.[117]

인조 7년1629 약관으로 별시문과에 병과로 급제한 뒤 주서注書 , 봉교奉敎 [118]를 거쳐 인조 14년1636 부수찬이 되었다.[119] 그 뒤 지평[120]·수찬[121]·교리[122]·정언[123] 등의 청환직淸宦職 을 역임하였다. 『인조실록仁祖實錄 』

116 http://www.doopedia.co.kr/
   http://encykorea.aks.ac.kr/
117 http://encykorea.aks.ac.kr/Contents/Index 한국민족문화대백과사전
118 『仁祖實錄』, 28권, 인조 11년 7월 2일 임진 1
119 『仁祖實錄』, 32권, 인조 14년 2월 11일 병술
120 『仁祖實錄』, 35권, 인조 15년 6월 14일 신해
121 『仁祖實錄』, 35권, 인조 15년 7월 17일 계미
122 『仁祖實錄』, 35권, 인조 15년 12월 25일 기미
123 『仁祖實錄』, 42권, 인조 19년 2월 7일 임자

의 편찬에 참여하였으며,[124] 사인[125]·집의執義 [126]·보덕輔德 [127]·사간[128]을 거쳐 효종 2년1651 사은사謝恩使 의 서장관書狀官 으로 청나라에 다녀왔다.[129] 효종 8년~ 효종 10년1657~1659까지 대사간[130]·전라도 관찰사·함경도 병마절도사·함경도 관찰사 등을 지내면서 지방 민정의 어려움을 해결하는 데 노력하였다. 그 후 현종 3년1662에는 예조참판이 되었고,[131] 이듬해에 도승지가 되었으나[132] 사헌부의 탄핵을 받아 파직 당하였다.[133] 현종 6년1665에 다시 기용되어 장악원정掌樂院正 이 되었는데[134], 이때 그는 묘악廟樂 을 정리하도록 지시하여 음률의 체제를 정비하는 데 힘썼다. 현종 9년1668에 부호군副護軍 [135], 현종 12년1671에 판결사判決事 , 이듬해 한성부 좌윤을 거쳐 현종 15년1674 사은부사謝恩副使 로 청나라에 다녀왔다.[136]

실록을 통해 살펴본 묘주의 인적사항과 명정의 '가선대부嘉善大夫....' 의 기록으로 권우는 종2품 문관으로 확인된다.

3. 조복의 형태 및 구성

출토된 권우 조복 유물은 의, 상, 폐슬, 후수, 대대 총 5점이다. 발굴 경위에서 언급하였듯이 조복은 이장 후에 수습되었기 때문에 보공용이라는 것 이외에 구체적인 내용 파악이 불가능하다. 출토된 조복의 형태를 살펴보면 다음과 같다.

〈표 8〉 권우權堣, 1610~1675 조복

의	상	대대	폐슬	후수
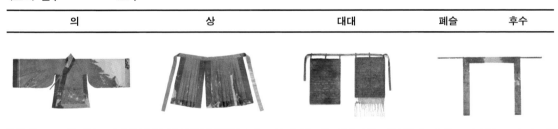				

의衣 는 무문단 홑옷으로 수구, 옆선과 도련에 선단이 부착되어 있고, 선단의 너비는 9cm이며, 소매 선단의 너비는 10cm로 약간 넓다. 조복 유물에서는 일반적으로 선단 부분에 흰색의 가는 선이 끼워져 있고 위에 상침 바느질이 되어 있으나 모두 생략되어 있다. 옆선의 선단은 진동점까지만 부착되어 있

124 『仁祖實錄』, 31권, 인조 13년 6월 4일 임오
125 『孝宗實錄』, 2권, 효종 즉위년 12월 13일 정유
126 『孝宗實錄』, 4권, 효종 1년 6월 5일 정해
127 『孝宗實錄』, 6권, 효종 2년 6월 9일 갑인
128 『孝宗實錄』, 3권, 효종 1년 4월 10일 계사
129 『孝宗實錄』, 7권, 효종 2년 11월 4일 무인
130 『孝宗實錄』, 18권, 효종 8년 3월 29일 임신
131 『顯宗實錄』, 6권, 현종 3년 12월 1일 경자
132 『顯宗實錄』, 6권, 현종 4년 1월 21일 경인
133 『顯宗實錄』, 7권, 현종 4년 12월 3일 병신
134 『顯宗實錄』, 10권, 현종 6년 8월 15일 무진
135 『顯宗實錄』, 14권, 현종 9년 2월 9일 무인
136 『顯宗實錄』, 22권, 현종 15년 3월 5일 기사

는 일자형이며, 진동점에서 2cm 내려온 곳으로부터 옆선은 트여있다. 홑옷에서 보이는 어깨 바대와 겨드랑이 바대는 생략되었으며, 길은 너비가 68.5cm 되는 한 폭의 원단을 반으로 접어 등솔을 골선으로 사용하였다. 등솔의 시접은 0.3cm이며 시접의 방향은 입어서 오른쪽으로 넘겼다. 겉섶은 식서변이 길과 연결되었으며 시접은 길쪽으로 넘겼다. 안섶은 생략되어 있으며, 안섶이 달릴 위치의 길은 0.6 cm 제물단으로 처리되어 있다. 조복의 의衣형태는 품에서 도련으로 내려가면서 약간 넓어지는 형태이다. 도련을 품보다 넓게 제작하기 위하여 길은 진동 아랫부분에서 원단을 이어 폭을 넓게 하였으며, 시접은 겉쪽으로 나오게 이어준 뒤 선단을 달아 이음선이 겉에서는 보이지 않는다. 깃은 13.5cm 너비로 겉깃은 목판당코깃 형태이며, 안깃은 직선의 목판깃을 2cm를 제외하고 길쪽에 들어 달았다. 깃의 겉감과 안감은 모두 무문단이며, 깃 겉감은 선단의 색상과 같고 깃 안감은 길의 색상과 같은 것으로 보인다. 동정은 너비 8cm로 대대大帶 와 같은 직물인 만자초화문단卍字草花紋緞 이다. 의衣 왼쪽소매는 파손되었으며 오른쪽의 소매가 남아 있어 소매형태와 바느질법의 파악이 가능하였다. 소매 배래 너비는 63.5cm이며, 진동 부분 아래만 둥근 형태로 되어있고 수구쪽은 직선 형태이다. 배래는 홈질 후 시접을 0.3cm 너비로 접어 다시 한번 홈질하였다. 뒷길의 진동 윗부분에는 1.3cm 너비의 대帶 고리가 좌우에 부착되어 있다. 겉고름은 너비 1.9cm, 길이 44.5cm로 겉깃의 끝과 오른쪽 진동에 달려있다. 오른쪽 진동에 달려 있는 고름은 방향이 어깨선을 향하고 있다. 안고름은 겉고름 너비와 같은 1.9cm이고 길이는 36.5cm로 겉고름보다 약간 짧다. 겉고름과 안고름은 길과 동일한 직물로 색상도 같은 것으로 볼 수 있다.

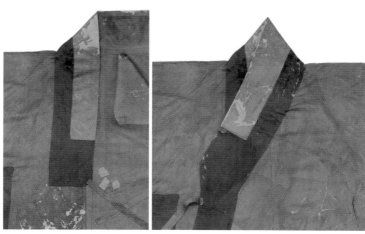

그림 26. 안깃   그림 27. 겉깃

상裳 은 홑으로 의衣 와 같은 무문단이며 허리말기와 끈은 주紬로 되어 있다. 너비 6.8cm 길이 109cm 의 허리말기에 상裳 의 길이가 83.5cm인 전상前裳과 후상後裳 이 2.3cm 겹쳐 달려 있다. 허리말기 끝에는 말기너비와 같은 넓은 긴 끈이 양쪽에 달려 있다. 1개의 끈은 잘려 길이를 알 수 없고 남아있는 끈의 길이는 111.5cm이다. 이는 겹으로 제작되어 시접이 아래쪽으로 향하며 말기 위에서 2줄로 박음질하였다. 전상前裳 과 후상後裳 에는 옆선과 밑단에 너비 9.5cm의 무문단 선단이 둘러져 있으며, 선단은 양옆을 먼저 접고 밑단의 선단을 접어 주었다. 의衣 와 마찬가지로 선단의 흰색 장식선과 상침바느질은 생략되었다. 상裳 은 여자 치마의 주름처럼 윗부분만 주름을 잡았으며, 상裳 의 주름의 수는 전상前裳 은

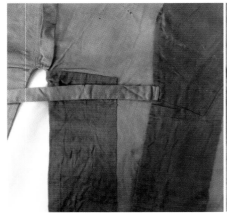
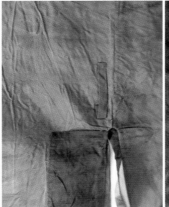

그림 28. 겉고름   그림 29. 대帶고리   그림 30. 동정문양

5개, 후상後裳은 10개이다. 겉주름의 너비는 5㎝ 전후로 넓다. 상裳의 너비는 전상前裳은 102㎝(67+35), 후상後裳은 165.5㎝ (67+67+31.5)이다. 상裳은 너비가 좁은 것이 앞, 넓은 것이 뒤로 착용하는 것으로 이 유물은 오른쪽 여밈이 된다.

폐슬蔽膝은 겹으로 가로 33㎝, 세로 51.5㎝인 직사각형 형태이다. 무문단에 화려한 자수가 수놓아져 있고, 뒷면의 무문단은 겉감과 반대로 가로로 식서방향이 되도록 제작되었다. 직사각형 폐슬의 윗면에는 끈이 통과될 수 있도록 너비 1.2㎝, 길이 6.5㎝의 끈고리가 3개 박음질로 부착되어 있다. 이 고리는 신경유 조복과 같이 후수와 폐슬을 하나로 연결하여 착용할 수 있는 끈을 끼우는 것이다. 권우 조복 폐슬의 경우 가장 큰 특징은 자수가 수놓아져 있다는 것이다. 이런 형태의 폐슬은 문헌과 유물에서 볼 수 없었던 새로운 형태이다. 폐슬의 상단부에는 독립적인 금강저문양이 중심에 있고 하단부에는 줄기가 연이어져 9개의 원형형태의 도안이 3단으로 이루어져 있다. 둥글게 도안된 줄기의 안에는 하단에 연꽃이 있고, 불교에서 전하는 팔길상문[137]과 여의如意가 상단부를 장식하였다. 이와 같은 화려한 문양이 있는 폐슬은 처음 소개되는 것으로 앞으로 연구되어야 할 과제이다.

후수後綬는 겹으로 가로 33㎝, 세로 45.5㎝의 직사각형태이며 앞면과 뒷면은 0.5㎝ 간격으로 공그르기를 하였다. 겉감은 구름과 학문양이 있는 단직물에 자수가 수놓아져 있고, 후수의 끝에는 망수綱綬가 부착되어 있다. 망수의 길이는 총 28.5㎝로 상단의 망綱은 7㎝, 하단의 수綬는 20~21.5㎝로 끝을 3~5개 정도씩 묶어서 늘어뜨렸다. 후수의 위쪽에는 너비 1.3㎝, 길이 6.5㎝의 끈고리가 3개 박음질로 부착되어 있다. 2㎝ 너비의 긴 끈은 후수의 끈고리에 끼워진 상태로 한쪽 고리에 매듭지어 움직이지 않도록 고정한 상태이다. 매듭지어진 곳을 중심으로 남은 끈의 길이는 긴 쪽은 112㎝, 짧은 쪽은 45.5㎝이다. 길게 남아있는 끈에는 폐슬을 함께 착용할 수 있다. 후수의 문양은 노사鷺鷥 2쌍이 마주 보고 있으며 일반적인 운학흉배와 같은 배치구조를 가지고 있다. 노사 문양 사이의 구름문양에는 청색이 약간 남아 있다. 노사 문양의 경우 흉배[138]는 출토된 것이 있지만, 후수는 처음 소개되는 것이다.

---

137   연화(蓮花), 백개(白蓋), 법륜(法輪), 보병(寶甁), 법라(法螺), 쌍어(雙魚), 반장(般長), 보산(寶傘)
138   석주선(1972),『흉배』, 석주선기념박물관, p.37

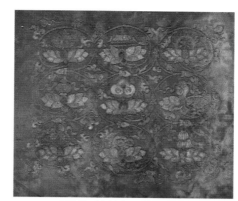

그림 31. 폐슬 　　　　　　　　　　　　　　　　　그림 32. 폐슬 문양

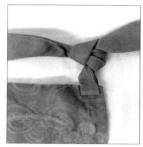

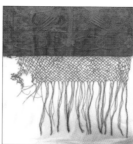
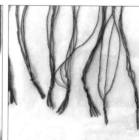

그림 33. 후수 끈(앞)　　　그림 34. 후수 끈(뒤)　　　그림 35. 망수　　　그림 36. 망수 끝부분

그림 37. 대대 장식선　　　　　　그림 38. 대대 접은 모습　　　　　　그림 39. 대대 펼친 모습

대대大帶는 출토 시 8cm 너비의 직선 대帶 3조각으로 분리되어 있었다. 대대 끝부분에서 76cm 되는 곳에 너비 1.6cm, 길이 33cm의 끈이 부착되어 있었으며 이곳에 접혔던 흔적으로 76cm가 대대의 신紳이 되는 ⊓형태임을 확인할 수 있었다. 허리에 두르는 요緯 부분은 일부 탈락하여 길이를 알 수는 없지만 끝부분에 이음선이 있는 것으로 보아 3조각의 원단을 연결하여 대대를 만들었을 것으로 보인다. 대대는 겹으로 衣의 동정직물과 같은 만자초화문단卍字草花紋緞이다. 이를 접어 ⊓형태 안쪽을 골선으로 하였으며 대대의 가장자리에는 평직의 얇은 직물을 끼워 0.1cm 너비의 장식선을 둘렀다. 이는 일반적으로 대대의 겉으로 가선을 두르는 것과는 다른 형식이다.

IV. 시대별 조복의 조형적 특징

현재까지 관원의 조복 출토사례는 총 8건이다. 가장 이른 연대의 조복은 신경유1581~1633의 조복으로 17세기 전반기 조복의 형태를 확인할 수 있다. 밀창군1677~1746과 이익정1699~1782의 조복은 조복을 착용하고 있는 초상화가 있어 중요한 정보를 제시하여 준다. 출토 조복의 경우 보공용으로 출토되며 일반적으로 의, 상, 폐슬, 후수, 대대의 품목이 출토되었다. 일습으로 출토된 조복을 중심으로 유물에서 나타나는 조복 형태의 변화를 살펴보고자 한다.

〈표 9〉 조복 출토 현황

구분	묘주	조복	소장처
1	신경유(1581~1633)	의·상·후수·폐슬·대대	단국대학교 석주선기념박물관
2	전창군 유정량(1591~1663)	후수	
3	권우(1610~1675)	의·상·후수·폐슬·대대	경기도박물관
4	휴덕공 김덕원(1634~1704)	의·상	
5	전(傳) 화산군 이연(1647~1702)	의·상·후수·폐슬·대대	여주박물관 (전 여주향토사료관)
6	밀창군 이직(1677~1746)	의·상·후수·폐슬·대대	단국대학교 석주선기념박물관
7	정간공 이익정(1699~1782)	의·상	단국대학교 석주선기념박물관
8	안동김씨墓(19C말~20C초)	의·상·중단	온양민속박물관

〈표 10〉 출토 조복 일습

구분	의	상	대대	폐슬 후수
신경유 (1581~1633)			안쪽면의 모서리	
권우 (1610~1675)				
전(傳) 화산군 (1647~1702)				

밀창군
(1677~1746)

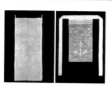

1. 의衣

의衣는 조복과 제복을 입을 때 가장 겉에 입는 웃옷이며, 조·제복 의衣의 형태는 동일하며 조복은 적색, 제복은 청색으로 구분한다. 수구, 옆선과 도련에는 선단이 부착되어 있다. 유물에서는 일반적으로 선단부분에 흰색의 가는 선이 끼워져 있고 위에 상침 바느질이 되어 있다. 그러나 신경유와 권우의 조복衣에서는 흰색의 장식선과 상침 바느질이 생략되어 있다. 선단의 장식은 17세기 중반 이후 생긴 것으로, 가선 장식만이 있는 형태는 중국의 조복제도를 따른 것으로 보이며 이런 형태는 중국 명대 초상화와 유물에서 확인할 수 있다. 이후 흰색장식선이 추가된 형태는 조복의 국속화된 형태로 볼 수 있다. 의衣의 고름의 색상은 색상이 남아있는 국말의 전세유물에서는 적색이며, 신경유의 고름을 제외하고는 출토 조복 의衣의 고름도 모두 적색으로 볼 수 있다. 신경유의 의衣의 고름은 선단의 색상과 같은 것으로 볼 수 있으며 이는 체제공의 초상화 조복의 고름과도 같다. 깃의 형태는 신경유의 의衣는 칼깃이며 권우 이후의 조복에서는 목판당코깃의 형태를 보인다. 의衣의 형태는 품보다 도련이 넓어지는 A자형에서 일자형으로 변하였으며, 이런 길의 변화는 하상의 형태 변화와 직접적인 관련이 있는 것으로 보는 견해도 있다.[139]

2. 상裳

상裳은 받침옷인 중단에 두르는 의례용 치마이다. 조복과 제복 모두 홍색이며 옆선과 밑단에 의衣와 같은 색상의 선단이 부착되어 있다. 신경유와 권우의 상裳의 형태는 윗부분만 주름이 잡힌 형태로 채제공 초상에서 착용한 모습을 확인할 수 있으며, 이후 밀창군의 상裳은 하단까지 주름을 잡아 고정한 형태로 초상화의 착용 모습에서는 채제공의 상裳과 차이를 보이고 있다. 전기에는 전상과 후상의 일부를 겹쳐 하나의 말기에 달았으나 중기이후에는 겹침분이 없이 말기에 달았다. 『원종예장도감의궤元宗禮葬都監儀軌』1627에서는 허리말기로 보이는 홍색의 긴 끈이 폐슬과 연결되어 있다. 이는 신경유와 권우 조복에서 폐슬과 후수가 끈으로 연결된 것과 차이를 보이고 있다.

의衣와 상裳의 선단은 예전禮典에는 조복은 청색靑, 제복은 흑색黑으로 구분되어 있다. 이러한 선단의 색상은 중단의 선단 색상도 조복과 제복을 구분하고 있다.[140] 국말의 조복과 제복의 유물에서는 조

---

139   최연우(2015), 조선후기 관원 조복(朝服)의 구성과 형태 연구, 『한복문화』 제18권 3호, p.140
140   『世宗實錄』, 31권, 세종 8년 2월 26일 경인
       『世宗實錄』, 128권, 五禮儀 冠服圖說 文武官 冠服

그림 40. 명(明) 정정공(貞靜公)
『위대한얼굴』 p.17

그림 41. 명(明) 조복 의(衣) 산동성(山東省) 박물관 소장
『중화복식예술』 p.159

복과 제복의 선단이 모두 흑색이다. 이로 보아 의, 상, 중단의 선단의 색상은 조복과 제복이 청색과 흑색으로 구분되었으나 중기 이후 모두 흑색으로 변화하여 국말까지 이어온 것으로 볼 수 있다.

3. 폐슬蔽膝

조선시대 문무관 조복의 폐슬은 색과 소재는 조복의 의衣를 따르고 있다. 문헌의 도식에는 문양이 없으며, 사다리꼴 모양으로 둘레에 선이 가해진 모습을 볼 수 있고, 전기 폐슬에는 상부에 고리가 3개 있고, 중기에는 혁대에 걸 수 있는 2개의 구가 있으며, 『대한예전大韓禮典』에서는 혁대에 폐슬을 철綴하게 되어 있다. 국말의 폐슬은 폐흉蔽胸으로 변화하였다.[141] 이는 유물에서 폐슬이 조복 의衣 앞에 부착된 것으로 확인할 수 있으며, 국말의 폐슬은 모양도 다양하게 나타난다.

출토 조복 신경유의 폐슬은 사다리꼴 형태로 윗부분에 고리가 3개 부착된 형태로 가장자리에 둘러진 선은 생략되었지만, 조선 전기 폐슬의 형태를 지니고 있다. 신경유와 권우의 폐슬은 상부의 3개의 고리에 끈이 끼워져 후수와 연결되어 있다. 이렇게 폐슬에 끈이 있는 형태는 『제기악기도감의궤祭器樂器都監儀軌』1624의 폐슬에서 볼 수 있으며, 홍색의 가는 끈으로 폐슬을 착용한 모습은 채제공의 초상화에서 확인된다. 전傳 화산군과 밀창군의 폐슬은 직사각형으로 신경유와 권우 폐슬과는 다르게 후수와 분리되었으나 폐슬에 끼워 착용할 별도의 끈이 있었을 것으로 보인다.

권우 조복의 폐슬은 기존에 보이는 양식과는 다른 형태로 화려하게 자수가 수놓아져 있다. 폐슬의 문양은 불교의 팔길상문으로 종교적인 영향이 있었을 가능성도 배제할 수 없으며, 이와 같이 2단으로 장식된 폐슬의 형식은 『삼재도회三才圖會』1609 폐슬 도식에서 확인된다. 『삼재도회三才圖會』 폐슬의 도식은 상·하로 구분된 상단부에는 독립적인 문양을 장식하고 하단부에 다른 문양을 장식하고 있어 권우 조복의 폐슬 문양과 유사한 형식이다. 문양을 장식한 폐슬은 면복의 장문과 적의의 5색 다회 장식 폐

---

141   『高宗實錄』, 25권, 고종 25년 10월 28일 병오 "…蔽膝變爲蔽胸之類…"

슬을 제외하고 군신의 폐슬에서는 보이지 않는 제도이다. 석상의 경우 실제 착용한 복식으로 보기에는 어려움이 있지만, 조선시대 조복을 착용한 문인석상에서는 다양한 문양이 있는 폐슬이 다수 확인된다.

그 외 자료로 『원종예장도감의궤元宗禮葬都監儀軌』1627의 조복제구朝服諸具에서는 문양이 있는 폐슬로 추정되는 도식이 있다. 윗부분에 3개의 고리가 있는 직사각형 형태로 문양은 후수의 문양과 비슷한 형식이다. 이로 보아 후수일 가능성을 배제할 수는 없지만 『원종예장도감의궤』기록에는 조복 일습으로 양관·의·상·폐슬·화·패옥을 기록하고[142] 그에 대한 도식을 그린 것으로 후수의 기록은 보이지 않는다. 일반적으로 후수의 도식에서는 망수가 함께 그려지는 것과 권우 폐슬에 자수가 수놓아진 것이 출토된 것으로 본다면 『원종예장도감의궤』도식은 폐슬일 가능성도 고려해 볼 수 있다. 이를 살펴보면 전삼 후사前三後四로 된 조복의 상裳과 홍색의 긴 끈으로 연결되어 있다. 이는 신경유와 권우의 폐슬이 후수와 연결되어 있는 것과는 다르게 상裳과 연결되어 있다.

화려한 자수 문양의 폐슬이 포함된 권우1610~1675의 조복은 17세기 조복의 새로운 형태를 보여준다. 이와 함께 문양이 있는 폐슬 도식이 있는 『원종예장도감의궤元宗禮葬都監儀軌』1627도 17세기임을 주목할 필요가 있다.

현재까지 폐슬에 자수한 기록은 찾지 못하였으나 자수 관련 기록을 검토하면 자수는 17~18세기 기록과 출토유물에서 확인된다. 인조 9년1631에는 여염에서 사치하는 풍습이 한도가 심해져 혼인이나 연회를 할 때마다 부녀자의 복식 비용이 상당하였으며, 그중에 수의繡衣, 수상繡裳은 모두 예전에는 없던 물품으로 금지토록 하였다.[143] 이후에도 사족의 부녀는 수의상繡衣裳과 문채있는 필단을 착용하지 말도록 규제하고 있다.[144] 심익창1652~1725의 부인 숙인淑人 성산이씨星山李氏, 1651~1671의 묘에서는 화조문 자수스란치마가 출토[145]되어 17세기 사회상의 실증적 자료가 되어 준다. 인조대에는 중국의 금수錦繡와 같은 귀한 물건 등을 구입하여 팔기도 하였으며,[146] 중국에서 구입해온 많은 금수錦繡와 금옥金玉은 몰수당하기도 하였다.[147] 금수錦繡가 수를 놓은 비단만을 의미하는 것은 아니지만 이러한 사회적 풍토는 여자복식 이외 관원의 복식에도 영향을 미쳤을 가능성을 고려해 볼 수 있다. 또한 두차례에 걸쳐 중국에 다녀왔던 권우의 경우 중국의 수繡를 구입하기에 용이하였을 것이며, 조복은 중종 대 이후 사비私備되면서[148] 조복의 규정과는 다른 형태의 조복 제작이 가능하였을 것이다. 특히 폐슬의 경우는 조복의 앞쪽 가슴 아랫부분에 착용 되기 때문에 홀을 들면 넓은 소매로 많은 부분이 가려지기도 한다.

142 『元宗禮葬都監儀軌』朝服諸具: 朝服一件 梁冠一(五梁) 纓子 簪 紅衫과 紅裳一 蔽膝一 靴子一 草綠有紋大段道袍一 佩玉諸具

143 『承政院日記』, 仁祖 9年 7月 庚辰

144 『仁祖實錄』, 34권, 인조 15년 5월 12일 기묘

145 『이승에서의 마지막치장(2011)』, 경기도박물관

146 『仁祖實錄』, 9권, 인조 3년 4월 12일 기축

147 『仁祖實錄』, 47권, 인조 24년 2월 4일 신사

148 장정윤(2003), 조선시대 문무백관 조복에 관한 연구, 단국대학교 대학원 석사논문, p.53

<표 11> 폐슬도蔽膝圖

세종실록 오례의 (1454)	국조오례의 (1474)	제기악기도감의궤 (1624)	춘관통고 (1778)	대한예전 (1897)

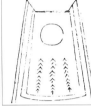

그림 42.『원종예장도감의궤』
폐슬

그림 43.『삼재도회』 폐슬

그림 44. 채제공(1720~1799) 폐슬
『한국의 초상화』 p.311

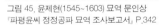

그림 45. 윤제현(1545~1603) 묘역 문인상
『파평윤씨 정정공파 묘역 조사보고서』 P.342

그림 46. 김좌명(1616~1671) 묘역 문인상
「17~18세기 문인석에 나타난 조복연구」 P.31

4. 후수後綬

후수의 제도는 문헌상으로는 국말까지 변함이 없으며, 후수의 문양과 문양을 표현하는 색사의 개수, 후수에 부착하는 환環으로 품계를 구별하였다. 품계를 구분하는 후수 문양의 종류에는 운학雲鶴, 반조盤鵰, 연작練鵲, 계칙鸂鶒이다. 그러나 후수 유물의 경우 신경유와 권우의 후수를 제외하고는 모두 운학으로 傳 화산군과 밀창군 후수는 운학 2쌍이며, 국말의 후수는 2~5쌍으로 차이를 보이지만 모두 운학이다. 신경유의 후수는 겉은 금錦 직물로 다채로운 무늬가 들어가 있었던 것으로 보이나 현재는 무늬를 판별하기는 어렵다. 다만 가로로 기다랗게 일정한 간격을 두고 4줄의 무늬가 있고 각각 줄 안에 어떤 무늬가 표현되었던 것으로 보인다.[149] 권우의 후수는 노사鷺鷥 2쌍이다.

문양을 넣는 방법에서 신경유의 후수는 문헌 기록과 같이 직성織成 하였으며 권우, 전傳 화산군, 밀창군 후수를 포함한 국말의 유물은 자수로 되어 있다. 그 외 국말의 후수에 운학 2쌍이 그려진 후수가 전해진다. 『종묘의궤宗廟儀軌』1706에서는 정1품 헌관과 천조관을 제외한 다른 나머지 헌관과 제집사가 착용하는 후수는 홍주를 사용하고, 품계에 따라 그림을 그리도록 하였다.[150]

후수의 형태는 신경유와 권우의 후수는 폐슬과 끈으로 연결되어 있다. 이후 후수에서는 별도의 끈 대신 후수 몸판에 달린 조금 넓어진 끈이 달렸다. 끈의 색상은 신경유와 권우 후수를 연결하는 끈은 홍색이며 전傳 화산군과 밀창군의 후수의 끈은 흰색이다. 이후 후수는 별도의 끈이 없어지고 국말에는 대대와 후수가 연결되어 착용하게 된다.

제도상으로는 후수와 대대는 따로 제작되었던 것으로, 권우 후수는 위에 고리가 달려있고 밀창군의 조복의 경우에는 대대와 후수가 분리되어 출토되었지만 후수에 끈을 단 형태로 변화되며, 국말의 유물에는 후수가 대부분 대대에 연결되어 있어, 이는 후대에 와서 착용상 간편하게 하기 위해 대대大帶와 수綬 를 연결하였다.

도설에서 보이는 조복의 문양은 학으로 보이며 조선 전기에는 1쌍이었던 것이 조선 중기 2쌍으로 변화된 것으로 보이며 국말에는 학의 수가 점점 많아진 것으로 보인다. 『기사진표리진찬의궤己巳進表裏進饌儀軌』1809의 의빈이 착용한 조복의 후수는 운학 2쌍이다.

권우의 후수 문양과 제도상에 보이는 후수의 문양은 모두 날짐승으로 이를 살펴보면 다음과 같다.

권우 조복 문양인 '노사鷺鷥'는 '백로'의 다른 이름으로 우리말 이름으로는 '해오라기'라고 한다. 백로는 학과 비슷하게 보이나 정수리 장식깃인 관우冠羽 가 있는 모습으로 나타난다. 노사문양은 중국에서는 6품관의 흉배로 착용 되며, 조선에서는 법제화되지는 않았지만, 노사흉배가 출토되었다.

학은 정수리 부분은 빨갛고 목 부분에는 길게 내려간 까만 띠가 있으며 둘째와 셋째 날개깃은 검은색이다. 부리는 노랗고 다리는 검은색이며 그 밖의 부분은 하얀색을 띠고 있다.[151] 학은 조류의 우두머리로 일품조一品鳥 라고 일컬어진다.[152] 후수에서 보이는 학은 백색과 황색, 청색 등이 보인다. 이에 대해 조복 후수는 황학·청학이 백학의 소담스럼만 못하다고 하였다.[153]

반조盤鵰 는 독수리로 몸길이는 1~1.5m에 달하며 수리류 중에서 가장 크며 가장 강한 맹금류이다.[154] 몸빛이 검으려 날 때 긴 날개 끝이 일곱 개로 갈라지며 위로 휜다.[155]

연작練鵲 은 수대조綬帶鳥 또는 삼광조라 한다.[156] 삼광조는 수컷의 고리가 긴 것이 특징이다. 수컷의 머리, 가슴, 옆구리는 자색을 띤 검은색이고 등은 검고 자색을 띤 갈색이며 꼬리는 까맣다. 부리와 눈의 주위는 코

---

149   최연우(2015), 상게서, p.133
150   『宗廟儀軌1』(2009), 한국고전번역원 p.171
151   이우신(1995), 『우리가 정말 알아야 할 우리 새 백가지』, 현암사 p.372
152   노자키 세이킨(변영섭.안영길   김)1992, 『中國吉祥圖案』, 도서출판 예경 p.310
153   『閨閤叢書』卷之二. 縫紝則
154   https://encykorea.aks.ac.kr 한국민족문화대백과사전
155   강창완. 김은미(2006), 『주머니 속 새 도감』, 황소걸음, p.181
156   하명은(2004), 조선시대 흉배의 조형성에 관한 연구, 이화여대 석사논문, p.65

발트 색이지만 배는 하얗다. 암컷의 꼬리는 수컷의 꼬리보다 짧고 머리 부분은 까맣다. 등과 꼬리는 검고 자색을 띤 갈색이지만 부리와 눈 주위는 엷은 코발트 색이다.[157] 연작은 길고 까만 꼬리를 가진 것이 특징이다.

　　계칙(鸂鷘)은 원앙(鴛鴦)으로 증경이, 비오리 등으로 불렀다. 원앙은 수컷을 원(鴛), 암컷을 앙(鴦)을 이라고 불렀지만 이후 합쳐 원앙이라고 부르게 되었다.[158] 수컷은 몸빛이 화려하지만, 암컷은 어두운 갈색이며[159] 눈 주위가 하얗다.[160]

그림 47. 백로
『주머니속 새 도감』 p.50

그림 48. 노사 흉배
『대명회전』

그림 49. 독수리
『주머니 속 새 도감』 p.181

그림 50. 독수리
『주머니 속 새도감』 p.181

그림 51. 삼광조
『주머니 속 새도감』 p.312

그림 52. 연작 흉배
『대명회전』

그림 53. 학
『주머니 속 새 도감』 p.101

그림 54. 원앙 『주머니속 새도감』 p.72

그림 55. 계칙 흉배 『대명회전』

157　이우신(1995), 상게서, p.257
158　이우신(1995), 상게서, p.131
159　강창완, 김은미(2006), 상게서, p.72
160　이우신(1995), 상게서, p.130

〈표 12〉 후수도後綬圖

세종오례의 (1454)	국조오례의 (1474)	제기악기도감의궤 (1624)	종묘의궤 (1706)	춘관통고 (1778)	사직서의궤 (1783~1803)	경모궁의궤 (1784)	태학지 (1785)	대한예전 (1897)
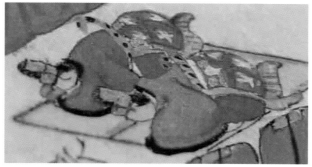								

그림 56. 의빈 조복 〈기사진표리진찬의궤〉 부분 『조선조 궁중의례와 음악』 도판. 2

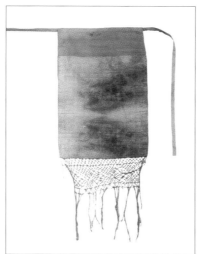

그림 57. 신경유(1581~1633) 후수
『정사공신 신경유墓 출토복식』 p.24

그림 58. 권우(1610~1675) 후수
경기도박물관 소장

그림 59. 밀창군(1677~1746) 후수
단국대 석주선기념박물관 소장

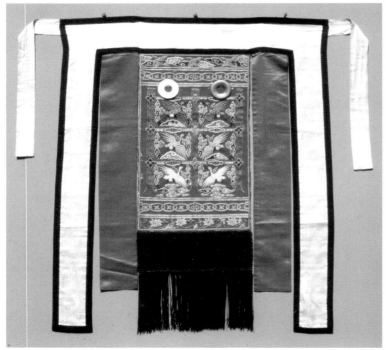

그림 60. 심동신(1824~?) 후수
단국대 석주선기념박물관 소장

그림 61. 그림후수
『crafts of the Inner court』 p.91

5. 대대

대대大帶 는 제도상으로는 국말까지 하나의 긴대의 형태로 양쪽으로 고를 내어 묶어 신紳 을 늘어뜨렸다. 신경유와 권우 조복의 대대는 조선 전기의 제도와 같이 대대가 하나의 긴 대로 되어 있다. 이를 양끝에서 신紳 이 되는 부분을 남기고 접어 ㄷ형태로 만든 후 요綾 가 되는 양쪽 끝부분에는 끈을 달았다. 대대에는 가선장식이 되어 있는데 색상이 남아 있는 국말의 대대는 일반적으로 흑색이며 녹색과 홍색의 가선도 일부 보인다. 밀창군과 이익정, 채제공의 초상화에서 확인되는 대대의 가선색상은 녹색이며 이는 『대명회전大明會典 』의 가정 8년1529에 개정한 조복제도의 내용에 대대는 겉과 안을 소색으로 하며 녹색으로 가선을 한다는 기록이 있다.[161] 이와 같은 명의 개정된 조복제도는 중국의 조복제도를 따르고자 하였던 조선의 조복제도에서도 볼 수 있다. 권우 대대에서 보이는 가장자리에 얇은 직물을 끼워 0.1㎝ 너비의 좁은 장식선을 두르는 형식은 새로운 형식으로 앞으로 연구되어야 할 과제이다.

그 외 18세기의 초상화에서는 대대 위에 조대를 착용한 모습을 볼 수 있다. 조대는 정조대의 『경모궁의궤景慕宮儀軌 』1784에서 도식과 오색사 직성 조대五色絲 織成 條帶 기록이 유일하게 보인다. 『홍재전서弘齋全書 』1789에서는 조복을 입을 때 대대와 품대위에 조대를 더 매는 것은 법도에 어긋나는 것이라는 비판

---

161 『大明會典』, 卷之六十一 禮部十九 冠服二 文武官冠服 祭服 "嘉靖八年定 上衣用靑羅皂緣 長與朝服同 下裳用赤羅皂緣 制與朝服同 蔽膝 綬環 大帶 革帶 佩玉 襪履 俱與朝服同 去方心曲領"

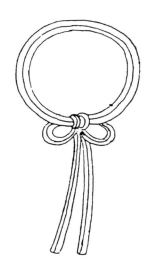

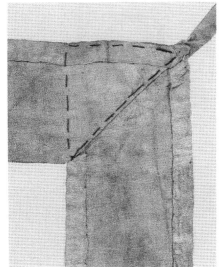

그림 62. 대대(大帶)『세종실록오례의』   그림 63. 조대(絛帶)『경모궁의궤』   그림 64. 대대(뒤) 신경유(1581~1633)
『정사공신 신경유墓 출토복식』 p.23

이 나타난다.[162] 이후 국말의 조복에서는 조대는 없으며 18세기에만 있었던 양식으로 볼 수 있다.

V. 맺음말

본 연구는 조선시대를 중심으로 문무백관 조복의 수용과 변천 과정을 정리하고 출토 유물을 중심으로 시대별 특징을 고찰하였다. 그 내용은 다음과 같다.

조선시대 문무백관 조복과 관련한 구체적인 기록은 고려말 공민왕 19년에 확인된다. 이때 사여된 군신의 배제관복은 중국제도보다 2등급 내려 사여되었다. 조선왕조가 수립된 후 문무백관의 조복과 제복은 주청하지 않았을 뿐 아니라 사여도 없었다. 조선 초기 관원의 조복과 제복은 역환 하였다. 이후 태종은 조복제도의 제정을 위하여 태종 16년 관복색冠服色 을 설정하였으며, 명의 홍무예제洪武禮制 에 의한 문무백관 조복과 제복 제도를 제정하였다. 태종 16년 관복색에 의해 제정된 조복 제도는 양관梁冠, 적라의赤羅衣 , 백사중단白紗中單 , 적라상赤羅裳 , 적라폐슬赤羅蔽膝 , 혁대革帶 , 패佩 , 대대大帶 , 수綬 , 홀笏 , 백말白襪 , 흑리黑履 로 구성되며, 그 외 양관과 수, 혁대, 패옥, 홀 등의 장식품으로 1품에서 9품까지의 품계를 가렸다. 이후 세종 8년 문무관의 조복은 태종대에 제정한 조복제도와 동일하게 확정하였으며, 조선전기의 문무관의 조복제도는 큰 변화 없이 『경국대전經國大典』1485에서 완성을 보게 된다. 이후 대한제국이 성립되어 고종이 황위에 올라 광무 원년1897에 이루어진 『대한예전大韓禮典』의 조복제도는 명의 문무백관의 관복등제와 동일하게 제정하였다.

조선 중기에는 조복제도의 변화가 나타난다. 양관은 인조 대 이후 조복관과 제복관이 분리되어 사용되며, 중종 대에는 조복용 신발이 리履 제도에서 화靴 로 변경되었으며, 정조 대에는 조복의 중단으로 청색 창의가 착용되었으며, 중단 대용으로 도포가 사용되기도 하였다. 청색 창의의 착용은 정조

---

162 박선희(2011), 18세기이후 통신사 복식연구, 이화여자대학교 대학원 박사학위논문, p.91

이후 청색중단으로 변경되는 계기가 되었다.

조복을 장만하는 방법에도 변화가 있어 조선 전기에는 제용감에서 관리하여 제공하였던 조복은 중종 대 이후 조복은 사비하게 되어 제복과는 다르게 국말까지 이러한 제도는 이어진다.

문무백관의 조복 착용은 1품에서 9품까지 모두 착용하는 것으로 예전禮典에 기록되어 있다. 그러나 조선 초기에는 예제의 확립이 이루어지지 않아 조복 착용의 혼란이 있었으며, 계속되는 난으로 조복을 갖추기 어려워 흑단령이 조복을 대신하기도 하였다. 그 이후에도 혼란을 거듭하다가 영조 대에 백관들이 조복을 착용해야 하는 경우 4품 이상만 조복을 착용하고 5품 이하는 흑단령을 착용하는 규정이 법제화되었다.

출토 조복으로 살펴본 조복은 17세기에는 폐슬과 후수는 가는 끈으로 연결하여 착용하도록 되어 있으며, 대대는 직선으로 만들어 ㄇ형태로 고정하고 있다. 새롭게 출토된 권우 조복의 경우는 기존의 자료와 차이를 보이고 있는데 제도상으로 존재하지 않는 폐슬의 문양과 후수의 노사문양이 확인된다. 또한, 대대의 가장자리 장식선 또한 기존의 자료와 다른 것이 확인된다. 이로 확인된 권우의 조복은 17세기 후반기 새로운 조복 형태임을 확인할 수 있었으며, 17세기의 조복은 조선시대 관원의 조복제도 변화의 중심에 있는 것으로 볼 수 있다. 추후 새로운 자료와 유물이 발굴되어 조선의 관원 조복제도 연구에 대한 미비한 부분이 보완되기를 바란다.

참고문헌

『朝鮮王朝實錄』
『國朝五禮儀』
『國朝續五禮儀』
『三國志』
『高麗史』
『經國大典』
『大韓禮典』
『元宗禮葬都監儀軌』
『祭器樂器都監儀軌』
『大明會典』
『景慕宮儀軌』
『宗廟儀軌』
『承政院日記』
『增補文獻備考』
『東史綱目』
『弘齋全書』
『春官通考』
『三才圖會』

『정사공신 신경유公 墓 출토복식』, 단국대학교 출판부, 2008
『중화복식예술』, 국립춘천박물관, 2016
『조선시대 진연 진찬 진하병풍』, 國立國樂院, 2000
『韓國肖像畵大鑑』, 探求堂, 1972
『초상화의 비밀』, 국립중앙박물관, 2011
『朝鮮時代 宮中服飾』, 문화 공보부 문화재 관리국, 1981
『服飾』, 이화여자대학교 박물관, 1995
『위대한 얼굴』, 아주문물학회, 2003
『아름다운 궁중자수』, 국립고궁박물관, 2013
『파평윤씨 정정공파 묘역조사 보고서』, 고려대박물관, 2003
『한국의 초상화: 역사 속의 인물과 조우하다』, 문화재청, 눌와, 2007
高光林, 『韓國의 冠服』, 和成社, 1990
노자키 세이킨(변영섭.안영길 옮김), 『中國吉祥圖案』, 도서출판 예경, 1992
강창완 · 김은미, 『주머니속 새 도감』 황소걸음, 2006
이우신, 『우리가 정말 알아야 할 우리 새 백가지』, 현암사, 1995
최연우, 조선후기 관원 조복朝服 의 구성과 형태 연구, 『한복문화』 제18권 3호, 2015

최영선, 조선시대 문무백관 제복에 관한 연구, 단국대학교 대학원 석사논문, 2004

장정윤, 조선시대 문무백관 조복에 관한 연구, 단국대학교 대학원 석사논문, 2003

김소현, 綬에 關한 考察, 이화여자대학교 대학원 석사학위논문, 1984

박선희, 18세기이후 통신사 복식연구, 이화여자대학교 대학원 박사학위논문, 2011

박성실, 대사헌 정인학(1839~1919)의 육량관 소고. 대한가정학회지 제 44권 1호, 2006

심연옥, 한국직물문양. (주)삼화인쇄 출판사 고대직물연구소 출판부, 2006

권우 묘 출토 자수유물에 관한 연구

김영선 | 안동대학교 한국문화산업전문대학원

1. 서론

2016년 3월 30일 경기도 남양주 별내동에 소재한 안동권씨安東權氏 충숙공파忠肅公派 종중宗中 권우 묘에서 단령 등 27건 34점의 유물이 출토되었다. 묘주 권우權堣 는 조선후기의 문관이며 본관은 안동, 자는 자명子明 , 호는 동곡東谷 이다. 1629년에 별시문과에 병과로 급제한 뒤 1650년 인조실록을 편찬하는 데 참여하기도 하였으며 1651년 사은사謝恩使 의 서장관으로 청나라에 다녀왔고 여러 지방 관료를 지내면서 지방민정의 어려움을 해결하는 데 노력하였다. 1668년 부호군, 1671년 판결사 한성부좌윤을 거쳐 사망하기 일 년 전에 사은사 김수항의 부사로 청나라에 다녀온 후, 숙종 1년1675 서울 자택에서 사망하였다.[1]

수습된 유물중 자수유물은 모두 3점이다. 자수 유물은 습의로 입혀진 아청색 단령의 앞과 뒤에 부착된 운학흉배雲鶴胸背 1쌍과 보공으로 넣어진 조복 일습의 일부인 노사 문양 후수 1점, 보문 폐슬 1점이다.

보존처리 후 운학흉배는 문양이나 형태, 자수 기법 등이 잘 보존 되어 있었고, 날짐승의 형태는 17세기 운학과는 다른 모습이었다. 노사후수의 자수는 자수기법적으로는 훌륭한 기교는 보이지 않으나 후수에 놓인 날짐승은 노사이며 후수에 노사문양 후수가 있다고 하나 아직 발표가 되지 않은 유물로 권우의 후수가 노사 후수로는 최초가 아닐까 추정한다. 조복 일습에 부착하는 폐슬은 문양이 없는 것이 일반적이나 이 유물의 경우는 문양이 수놓은 것으로 자수 유물로서 많은 연구가 필요한 유물로 추정된다.

본 글에서는 17세기 조선의 운학흉배문양을 비교분석하고 청나라의 학흉배에 나타난 문양의 특징을 비교하며 권우운학흉배에 나타난 학의 특징과 자수기법을 분석한다. 노사 문양 후수와 보문 문양의 폐슬에 대한 자수기법을 분석하여 자수기법을 분석하여 17세기에 나타난 복식에 사용 된 자수刺繡 의 실증자료를 제시해 보고자 한다.

---

1 한국민족대백과사전, [2016. 10. 13 검색], https://encykorea.aks.ac.kr/.

2. 권우묘 출토 운학흉배雲鶴胸背 고찰

1) 조선의 운학흉배

조선의 흉배는 관복이나 예복의 가슴과 등에 부착하여 사용자의 신분이나 품계를 구분하는 용도의 장식물이다. 조선의 흉배제도는 명나라의 흉배제도를 근거하여 '이등체강원칙'과 '당상관용제도'의 독자적인 체계로 시작하여 시대에 따라 변화하면서 조선후기에는 중국과는 다른 독자적인 흉배제도를 마련하였다. 세종대에는 흉배에 대한 논의가 있었고 단종 2년1454 12월 10일 문·무관의 상복에 흉배를 착용하는 제도를 시행하였다.

문관의 흉배는 날짐승 문양을 사용한다. 1454년부터 17세기 전기까지는 당상관 1품은 공작, 2품은 운안, 3품은 백한흉배를 사용하였다. 1644년 명나라 멸망 후나 그 직전에 선학흉배가 조선에서 사용하였던 것으로 보인다. 이원익1547~1634의 초상화에 단학흉배가 있고 김육1580~1658의 초상화에도 선학흉배가 있고 석주선기념박물관 소장의 1669년 사망한 정태제묘에서 출토된 자수 선학흉배를 확인할 수 있다. 이 시기에는 선학흉배와 공작흉배가 공존하던 시기였으며 3품까지 사용하던 흉배착용제도가 신분의 범위를 넓혀 6품까지 사용하도록 하였다. 『숙종실록』 숙종 18년 12월 기록을 보면 짐승의 구분에 대한 구체적인 언급은 없으나 중국과 같이 6품 이상 흉배를 갖추라는 기록이 있다. 운학흉배는 영조 21년1745『속대전』에 구체적으로 명문화 되어 문관 당상관은 운학흉배를 당하관은 백한흉배를 사용하도록 하였다.[2] 그러나 이전에도 이미 학문양의 흉배를 사용하였던 것으로 보인다. 정조 말년 이후에는 쌍학과 단학 구조로 변화하여 학의 숫자가 당상관과 당하관을 구분하는 새로운 기준으로 쓰이며 이 흉배의 기준은 조선말까지 지속 된다.

2) 권우 묘 출토 운학흉배

안동권씨安東權氏 충숙공파忠肅公派 종중 권우 묘에서 수습된 아청색 단령의 가슴과 등에 부착되어진 운학흉배이다. 앞·뒤의 모양은 대칭형으로 형태나 문양이 거의 같고 흉배 하단의 물방울문양의 위치가 약간 다를 뿐이다. 가슴부분의 흉배는 가로 37.2cm, 세로 37.4cm의 크기로 넓은 홈질로 단령의 가슴에 부착되어 있었고 등의 흉배는 가로 37.3cm, 세로 37.5cm의 크기로 단령에 부착되어 있었다. 흉배는 배접을 하지 않은 홑 형태로 단령 등에 부착된 흉배가 바느질의 손상으로 자수한 후면이 보이게 달려 있어 자수기법의 구성을 파악하는 데 도움이 되었다. 이 흉배의 자수기법의 특징은 전체적으로 홑 자수 형태를 가지고 있으며, 많은 기법을 사용하지 않았으나 문양의 면을 메우는 방식이 조선후기의 흉배자수기법과는 다른 형식을 사용하고 있다. 흉배의 직물은 여의형 운문, 단령은 운보문단, 단령 안의 직령은 운문단으로 구름의 규모와 구성이 모두 달랐다. 권우운학흉배의 연구는 흉배의 날짐승 문양의 추정과정과 흉배의 문양적 특성을 분석하고 자수기법을 통해 권우흑단령 부착 운학흉배의 특징을 연구하고자 한다.

---

2 이은주(2007), 날짐승흉배의 감정(鑑定)을 위한 기준 설정, 韓服文化, 10(3), 165.

출토 당시 습 상태	흉배일부

3) 권우의 흑단령 흉배에 나타난 학鶴 문양

이 날짐승흉배는 처음 유물을 접했을 때 머리에 홍정이 없고 목이 짧을 뿐 아니라 목선에는 검은 선은 없었으며 발에는 물갈퀴가 있어 학이라고 판단하기에는 어려움이 있었다. 명정銘旌 에는 가선대부嘉善大夫 라는 기록이 있었고 가선대부는 종2품이므로 학흉배를 착용하였을 가능성이 많다. 권우의 흉배문양을 17세기에 나타난 운학흉배와 비교하면 학의 형태는 다른 형태임을 알 수 있다. 처음에는 운안雲雁 흉배가 아닐까 추정해 보았으나 명정에 직급이 확실하게 명시되어 있어 학이라는 가정 아래 문양의 형태를 추정하고자 한다.

조선시대의 흉배에 나타난 학의 문양들은 대체로 두루미단정학丹頂鶴이다. 머리에 홍정이 있고 검은 목선과 날개 끝의 흑반이 있으며 황록색의 부리가 있다. 그러나 흉배에 나타난 학의 형태는 출토유물 이므로 색이 거의 남아 있지 않아 색으로는 확인할 수 없었다. 자수기법으로 나누어진 형태로 보면 홍정은 보이지 않았고 학의 목선의 검은 선 또한 없었으며 머리의 형태도 다른 흉배에 나타난 학보다 는 큰 크기였다. 문양의 형태가 정제된 학이 아니라고 해도 자수기법으로 보는 학의 문양은 보통 조 선시대에 나타난 두루미와는 다른 모양이다. 여러 학의 자료를 검토 한 뒤에 학의 종류 중 1980년대 우리나라에서 사라진 따오기와 비슷한 모양일 가능성을 열어 보았다. 한자漢子 로는 가벼운 홍색을 띤 다 하여 따오기를 홍학紅鶴 [3]이라도 부르고 장수를 기원하는 의미로 쓰였던 것으로 보인다. 권우가 사 망 전 청나라에 다녀온 것으로 보아 아마도 청나라의 흉배형식을 빌려 와서 수를 놓게 하였던 지 아 니면 청에서 직접 구매해 왔을 가능성도 있어 보인다.

---

3 문화재청, 문화재검색,[2016.10.26. 검색], http://www.cha.go.kr/cha/idx/Index.do?mn=NS_01.

<표-2> 학의 모양비교

분류	학	머리와 목선	발
유물 학			
두루미 (단정학)			
따오기 (홍학)			

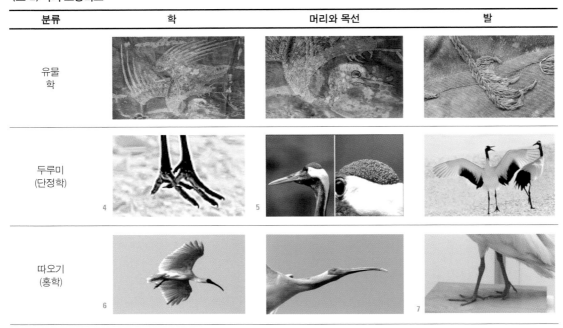

따오기는 홍따오기와 백따오기가 있는데 목이 짧고 머리에 홍정이 없으며 발에 물갈퀴가 있고 날개를 폈을 때 붉은색이 보인다. 학의 종류를 홍학으로 보고 학의 색 또한 붉은색 계열의 색을 사용하였다.

권우 운학흉배는 두 마리의 학이 상하上下로 마주하는 '쌍학대무' 구성으로 명나라 16세기에 많이 보이는 방식으로 두 마리의 학이 마주보며 춤을 추는 모습이다.[8] 이 학의 모양은 17세기 중기의 청의 날짐승형태를 가진다. 권우가 사망한 1675년 이전과 이후를 살펴보면 청나라는 순치제[1643~1661]부터 강희제[1661~1722] 재위기간이다. 이 때의 청나라 흉배의 특징은 상단에는 드문구름을, 하단에는 물결과 괴석, 삼산, 보문을 배치하였고 명대 말기에 나타난 한 마리의 날짐승을 두는 방식이다.[9] 이 시기에 청나라의 흉배에 나타난 날짐승은 특이하게 어깨가 솟아 있으며 날개깃의 끝부분이 뾰족하게 표현이 되어 수법은 사뜨기수를 사용한 것이 특징인데 권우 흉배의 학의 날개깃에서도 사뜨기수법이 쓰였는데 우리나라 학에서는 잘 나타나지 않은 기법이다. 학이 몸통은 물고기의 비늘형태로 되어 있으며 각 비늘을 세분하여 수를 놓는 형식으로 입체적으로 보이게 하는 특징이 있다. 청나라의 17세기 운학흉배와 권우 운학흉배의 학 문양을 비교분석하면 표-2와 같다. 어깨는 비슷한 솟은 어깨이며 몸통이 비늘 형태이고 날개깃이 뾰족한 것이 비슷한 모양을 가진다.

4 이환곤, [2016. 10. 25 검색] http://leehg0413.tistory.com/entry/
5 나무위키[2016. 10. 25. 검색] https://namu.wiki/w/%EB%91%90%EB%A3%A8%EB%AF%B8
6 이정근(2008), 오마이뉴스, '따오기 복원 젊은이들 문화재청보다 낫네', http://www.ohmynews.com/
7 나무위키[2016. 10. 20 검색], https://namu.wiki/w/%EB%94%B0%EC%98%A4%EA%B8%B0
8 노자키 세이킨(2011), 『중국미술상징사전』, 변영섭·안영길, 고려대학교출판부, 311.
9 송수진(2012), 한국과 중국의 흉배연구, 이화여자대학교 대학원 석사학위논문, 31.

〈표-3〉 17세기 청나라 날짐승흉배와 권우 운학흉배 비교

분류	흉배	몸통	어깨	날개깃
권우 운학흉배 1610~1675				
청나라 선학흉배[10] 1643~1661				
노사흉배[11] 1661~1722				

　　조선시대 17세기 운학흉배를 살펴보면 운학은 명나라의 1품관 흉배에 주문으로 사용되었고 1644년 명나라가 패망 후 또는 그 직전1630년대 조선에서 선학흉배를 사용하기 시작하였을 가능성[12]이 있다. 17세기 전기의 인물 초상화에 간간이 선학흉배를 볼 수 있고 인조14년1636에 명나라 사신으로 갔던 김육金堉,1580~1658 의 초상화는 중국의 화가 호병胡炳 이 그린 것으로 단학흉배를 착용한 모습을 볼 수 있다. 1669년 사망한 정태제의 운학흉배유물에도 학의 형태를 볼 수 있다.[13] 이들 흉배를 비교해 보면 권우 운학흉배에 표현된 학과는 모양이 조금 다름을 알 수 있다. 두 개의 흉배의 학보다는 머리가 크며 홍정이 없고 어깨부분은 모양이 다르며 몸통 비늘부분의 세밀한 부분 나누기 등이 다르며 발의 모양도 물갈퀴의 형태가 눈에 띄게 다르다. 그 시기에 조선의 흉배 속 운학과는 다른 청나라의 표현방식을 썼던 것으로 추정된다. 각 흉배에 나타난 학의 문양을 비교하면 표-4와 같다.

10　Hong Kong Museum of Art(1995), 『錦繡羅衣巧天工』, Hong Kong:Urban Council of Hong Kong
11　Ibid, 224
12　이은주(2007), 날짐승흉배의 감정(鑑定)을 위한 기준 설정, 韓服文化3(10), 164.
13　하명은(2004), 조선시대 문관흉배의 조형성에 관한 연구, 안동대학교 대학원 석사학위논문, 38.

<표-4> 17세기 조선의 운학흉배와 권우운학흉배비교

분류	머리와 목선	날개깃	어깨	발
권우 (1610~1675) 운학흉배				
김육[14] (1580~1658) 운학흉배				초상화 발 형태 없음
정태제[15] (1612~1669) 운학흉배				

4) 구름 문양

구름 문양은 만물을 소생시키는 재생의 의미와 불로장생, 권위와 위엄을 상징하는 의미를 가지고 있다. 흉배에 구름을 형상화하여 흉배에 배경에 많이 사용된 시기는 명대 초기[16]이다. 조선의 흉배에 빠지지 않는 문양으로 형태에 따라 여의형如意形, 사합여의형四合如意形, 나선형 등으로 구분된다. 조선 시대 운문은 운두의 크기, 꼬리의 크기와 형태에 따라 시대적 구분을 할 수 있다. 권우운학흉배에 표현된 구름은 여의형으로 둥근 운두雲頭의 좌·우, 아래에 꼬리가 있는 형태이다. 구름의 배치는 흉배의 중심선을 기준으로 좌우 대칭으로 되어 있으며 운두 꼬리가 한 개인 것도 있다. 구름은 흉배에 드문 드문 놓여 있는데 구름모양은 둥근 회오리모양으로 이는 17세기 청나라 흉배에 나타난 구름이 놓인 방식과 비슷하다. 조선왕실에서 사용 된 작은 사합형 구름과는 모양이 다르며 크기는 크고 옆으로 넙적하고 드물게 놓여 있다. 17세기 다른 흉배의 구름은 옆으로 길게 놓인 것을 많이 볼 수 있다.[17]

---

14 위키백과,[2016, 10, 25], https://ko.wikipedia.org/wiki/%EA%B9%80%EC%9C%A1

15 고부자, 박성실(1990), 한국복식, 8:87.

16 송수진, 한국과 중국의 흉배연구(2012), 이화여자대학교 석사학위논문, p 20.

17 Hong Kong Museum of Art(1995), 錦繡羅衣巧天工, Hong Kong:Urban Council of Hong Kong, 224.

	꼬리 3개	꼬리1개
권우운학 흉배 구름		
청나라17세기 구름		

4) 기타문양-물결, 파도, 삼산三山, 보문寶文

① 물결, 파도

물은 생명의 근원이며 무한한 생명을 향한 장수를 바라는 마음이다. 물결과 파도는 새로운 시작과 변화를 뜻하기도 한다. 흉배에 나타난 물결은 흉배의 하단 중심 삼산을 기준으로 좌우 대칭으로 위치하고 있다. 형태는 반원형 곡선 형태이며 세부적으로는 한 개의 큰 물결 덩어리에 여섯 줄기의 물결로 나누어져 있으며 각 두 개씩 구역을 나누어 연금사 한 줄로 징금수 하였다. 파도는 좌우 대칭으로 고사리 모양으로 4개씩 8쌍이 있다.

② 삼산三山, 보문

삼산은 신과 연결시키는 고귀함과 변치 않는 의연함을 뜻한다. 우리나라는 신라시대부터 삼산에 제사를 지내는 것으로 보아 삼산이란 신과 연결하는 통로로 의미를 부여 했던 것으로 추정 된다. 흉배 하단 각 모서리에 두 개의 봉우리와 중앙에 세 개의 봉우리가 계단 모양으로 있다. 각 봉우리는 4개의 구역으로 나누어져 있으며 각기 다른 색을 사용 했을 가능성이 있다. 보문은 좌우 대칭 두 번째 파도 위에 오른쪽은 서보, 왼쪽은 서각이 있다.

5) 권우운학흉배의 자수기법

조선시대 흉배의 표현방식은 세 가지로 분류 할 수 있다. 첫째, 옷감과 같이 직조된 흉배단자가 있고 둘째, 옷감과 별도로 흉배만 직조한 흉배금선이 있으며 셋째, 자수로 표현한 것이 있다. 단종 2년 12월 흉배제도가 제정된 후 직금흉배와 자수흉배를 착용하는 제도가 시행되고 중국에서 수입되거나 국내에서 직조된 흉배를 사용하였고 조선전기에는 자수로 표현된 흉배는 많이 사용되지 않은 것으로 보인다.[18] 17세기 이후 자수 흉배가 유물로 확인되는 데 가장 오래 된 유물은 서울역사박물관 소장품

---

18 이은주(2007), 날짐승흉배의 감정(鑑定)을 위한 기준 설정, 韓服文化10(3), 164~165.

인 조경1541~1609의 해치흉배이다. 자수흉배는 17세기부터 국말까지 꾸준히 관료들의 신분을 나타내는 표식으로 사용되었다.

　자수흉배는 원단에 실크로 만들어진 다양한 색사色絲와 연금사로 여러 가지 자수기법을 통해 구성된다. 자수실은 굵기 별로 차이를 두기도 하고 꼰 형태로도 차이를 두기도 하며 기법을 활용하기 위해 풀어서 사용하기도 한다. 조선후기 자수흉배를 구성하는 자수실은 보통은 진사眞絲, 꼰사를 이용하여 자수하고 있다. 조선후기 기록들에 융사에 대한 것이 명시되어 있는 것으로 보아 융사를 사용하지 않았던 건 아니다. 그러나 조선후기 유물을 보면 대부분 진사眞絲로 구성된 유물이 많다. 현재 우리가 사용하는 꼰사와 푼사는 순우리말이며 16세기에는 꼰사를 선線이라 지칭하고 푼사를 융絨이라고 지칭했다. 조선후기 가례도감의궤나 진찬의궤에 나타난 기록을 보면 꼰사는 진사眞絲, 푼사는 융사絨絲로 지칭한 것으로 추측된다. 문양들을 색진사色眞絲로 자수하고 테두리를 연금사로 징금하는 경우와 색사로 테두리를 두루는 자수법을 사용한다. 왕실에서는 주로 연금사로 징금한 흉배를 사용한 것이 많다. 왕실가족의 흉배와 관료, 반가의 여성들의 흉배와는 다른 점이다. 조선 중기의 자수유물이 많이 남아 있지 않아 자세한 것을 알 수 없으나 흉배에 사용된 기법은 초상화에 나타난 화려한 흉배의 표현을 하였을 것으로 추측된다. 사용한 실 또한 융사도 같이 사용 되었을 가능성이 있으며 조선후기에 쓰지 않는 수법을 사용하기도 했을 것이다. 조선시대 흉배에 사용된 자수기법은 붙임수, 땀수, 평수, 사슬수, 이음수, 선수, 사뜨기수, 징금수, 매듭수, 가름수, 솔잎수, 새털수, 평사누름수, 관수, 느낌수, 자련수, 자릿수, 납사수, 속수, 홑수 등이 있다.

　권우 운학흉배에 나타난 자수기법은 기법적으로 다양하지는 않다. 그러나 조선후기 제작 된 학흉배의 주된 자수기법의 구성과는 다른 모습을 보인다. 조선후기 자수흉배유물에 나타난 흉배의 구성적 자수기법은 겹수기법 많으나 이 유물의 경우 홑수 기법를 사용하였다. 홑수란 면을 겉에서만 메우고 안쪽은 면이 채워지지 않게 수놓는 방식으로 겹수와 반대의 의미다. 뒷면의 실이 점이나 작은 선으로 겉과 다르게 자수의 땀이 면적에 잘 보이지 않으며 홑수를 놓으면 입체감이 적다. 면을 메우는 방식도 통상적으로 넓은 면적을 수놓을 때 자련수나 자릿수와 같은 수법을 사용한다. 그러나 이 유물의 면적을 채우는 수법은 자련수가 아닌 이음수법을 이용하여 자수하였다. 이음수로 면을 메우는 경우에 자수 땀의 방향에 따라 땀의 일정한 흐름양식을 볼 수 있으며 땀의 가지런한 운동감을 보여주는 특성이 있다. 또한 자련수나 자릿수보다 제작하는 시간이 적게 든다. 이 유물에 사용된 이음수는 0.6~0.8㎝의 땀을 뜬 뒤 0.1~0.2㎝ 뒤로 땀을 뜨고 다시 0.6~0.8㎝정도 땀을 앞으로 뜨는 방식으로 반복하여 자수한다. 직선을 자수할 때는 땀이 좀 길고 곡선을 수놓을 때는 땀의 길이가 작아진다. 날개깃 부분에는 사뜨기수를 놓아 이 부분만이 겹수로 놓여 있다. 조선후기에 나타난 날짐승흉배의 날개깃 부분은 통상적으로 사선평수를 놓은 것이 많은데 이 운학흉배는 날개깃에 사뜨기를 사용한 것이 특징이다. 전체적인 자수기법은 복제 작업을 통해 권우 운학흉배의 자수기법을 정리해보면 다음과 같다.

① 복제품 제작 준비

　복제품은 유물과 유사하게 구성하였고 자수법은 유물의 실 밀도 보다 촘촘히 자수刺繡 하였다. 자수실은 진사이며 16합사를 사용하였고 금사는 연금사로 자수실 22합 굵기와 비슷한 것으로 유물과 비교하여 추정하였다. 자수실의 색은 17세기 흉배유물에 쓰인 색을 바탕으로 추정하고 실 염색은 천연염색과 화학염색을 병행하였다. 바탕 원단은 아청색 운문단으로 화학염료로 손염색 하였다. 수틀에 메우기 전 백급白及풀로 풀새하였고 수틀을 메운 뒤 아교포수하고 명반을 입혔다. 자수본은 유물을 실견하고 자수기법을 중심으로 세분화하여 자수본을 제작하였으며 세밀한 자수법은 유물실견과 직접 촬영한 사진으로 유추하였고 유물과 가장 유사하게 본을 제작하였다.

② 유물과 복제품의 자수 완성 비교

유물이 장기간 묘 속에 있었던 이유로 형태의 변화가 있고 보존처리 중에도 형태의 변화가 있었던 것이며 크기의 변화도 있었을 것이라 추정된다. 유물과는 다르게 복제품의 크기는 가로 37.2cm× 세로 37.2cm로 정사각형의 형태로 유물보다는 약 0.2~0.3cm정도 줄여 제작하였다. 유물과 복제품의 뒷면을 보면 홑수의 특징을 알 수 있다. 홑수로 자수한 흉배는 실의 사용량을 줄일 수 있고 무게감이 가벼운 특징을 가진다. 유물의 뒷면을 볼 수 있었던 것은 자수기법을 추측하는 데 많은 도움이 되었으며 자수의 땀의 방향을 추정할 수 있었다. 유물과 복제품을 비교 자수를 비교하면 표-5와 같다.

〈표-6〉 유물과 복제품 비교

구분	앞	뒤
유물		
복제품		

③ 자수刺繡기법 위치

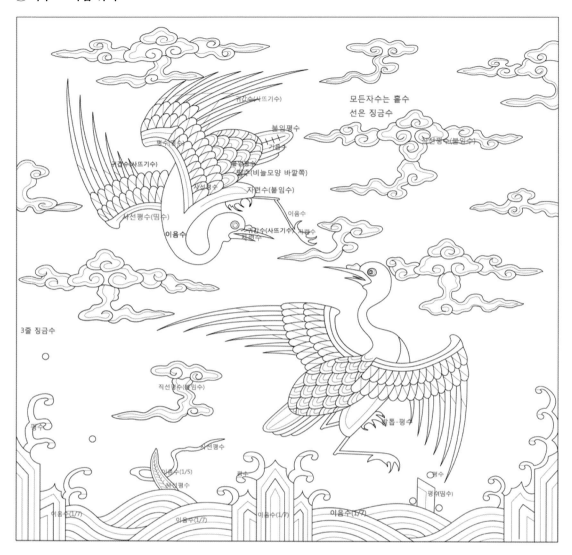

위치에 따라 자수기법을 표기하고 문양은 학, 구름, 물결, 파도, 보문 등으로 나누며 자수기법은 같은 종류의 문양별로 반복되며 사뜨기수를 뺀 나머지는 홑수로 구성된다. 흉배의 방형 테두리는 3줄로 징금수하고 문양의 외곽선은 1줄로 징금 자수하였다.

유물을 통해 복제품을 재현하기 위한 자기기법을 분류하고 유물과 복제품을 비교하여 각 문양별로 세분화한 면적에 쓰인 자수기법과 특징을 설명하고자 한다.

④ 유물에 사용 된 자수기법

〈표-7〉 자수기법

자수기법	도식[19]	방법
이음수		선을 표현하는 대표적인 수법으로 바늘땀이 일정하게 겹쳐지는 길이에 따라 선의 굵기가 각각 다르게 표현 된다. 선의 굵기는 땀의 겹침에 따라 달리 표현 되는 데 정해진 바늘 한 땀 길이의 각각 1/2, 2/3, 3/4등 겹쳐지게 되돌아가며 이때 선의 굵기는 겹쳐지는 길이만큼 각각2배, 3배, 4배의 굵기가 된다.
평수		면을 메우는 수법으로 전통 수법 중에서 가장 널리 쓰이며 가지런한 바늘땀들이 모여 도안의 윤곽선을 메우는 방식으로 실과 실 사이에 틈이 없이 평행으로 수놓는 것이다. 수평, 수직, 사선 방향으로 수 무늬의 결을 만든다. 실을 잡아당기는 장력조절이 일정해야 고른 수를 놓을 수 있다.
가름수		좌우 대칭으로 무늬 안쪽을 향해 일정한 각도를 유지하고 한 면씩 메워 완성하는 사선평수이다. 주로 잎사귀를 수놓을 때 사용하며 잎의 위쪽부터 수놓기 시작한다.
자련수		바늘땀을 일정하게 길고 짧게 규칙적으로 놓는 방식과 바늘땀을 불규칙적으로 놓는 방식이 있다. 꽃의 농담을 표현하거나 넓은 면적을 메울 때 사용하는 수법으로 자연스러운 배색과 수 무늬결의 방향을 변화시켜서 사실적이고 입체감 있는 표현이 가능하다.
사뜨기수		중심선을 중심으로 좌우로 지그재그로 반복하여 바늘을 넣었다가 빼는 방식이다. 바늘을 1에서 바탕천 위로 내어 2로 넣고 다시 3으로 뺀다. 다시 4로 바늘을 넣고 1에서 수놓을 방향으로 가면서 5에서 바늘을 빼서 6,7,8의 순서대로 같은 방향으로 반복하여 실이 사선으로 서로 겹치게 한다.
징금수		연금사, 굵은 깔깔사, 연채색사, 색사 등을 바탕천 위에 놓고 가는 실로 일정한 간격을 두고 징거서 고정시키는 수법이다. 일정한 면을 메우거나 면의 윤곽선을 표현할 때 쓰는 기법이다.
홀수 자수기법의 위치		겉은 도안선을 따라 메우고 안쪽은 메워지지 않는 방식으로 바늘땀을 오른쪽에서 왼쪽으로 빼면 왼쪽 바늘땀 한 올 밑에서 다시 오른쪽으로 가는 방식으로 밑에서는 윤곽선에만 땀이 보이게 된다. 입체감이 적고 실이 적게 드는 수법이다. 홀수를 놓을 때는 붙임수법을 사용하는 것이 효과적이고 수실을 들뜨지 않게 하는 효과가 있다
붙임수		수실과 수실의 경계선을 바늘땀을 겹쳐 물고 가는 수법이며 바늘땀을 일정한 간격으로 겹치게 놓는다. 붙임수는 2가지 방법이 있다. 첫째, 앞의 면을 메운 수실의 앞 땀과 뒷 땀의 맞닿은 부분이 겹쳐지게 수실을 관통하게 바늘을 놓는 방식이 있다. 둘째, 수실과 수실사이에 바늘을 넣어 살짝 겹치게 하는 방법이 있다. 면의 경계선이 부드럽게 표현 된다. 자련수나 자릿수를 놓을 때 붙임수와 땀수로 나누어 사용할 수 있다
땀수		면을 메우는 방식으로 윤곽선의 이어진 면을 메울 때 바로 앞 땀의 실을 물고 가지 않고 한 올 뒤에 바늘을 놓는 형식으로 윤곽선을 달리 하는 수법이며 입체감을 표현하기 좋으며 선수를 놓을 때 밑 자수법으로 사용하기도 하고 자릿수 기법에도 사용 된다.

19 중요무형문화재 제80호 자수장 최유현, 조교 김영희(2016), 제작
20 중요무형문화재 제80호 자수장 최유현, 조교 김영희(2016), 제작

⑤ 유물과 복제품의 세부 자수기법

〈표-8〉 학문양 자수기법

분류	유물	복제품
학		

세부분류	유물	복제품	자수기법 자수방법
머리 부리 눈			이음수, 선수, 사뜨기수, 평수, 징금수 몸을 메우는 이음수는 1/7로 뒤돌기 하여 앞 자수실을 물고 자수한다. 부리는 사뜨기수로 자수 놓고 눈은 평수로 놓고 눈의 테두리는 선수로 놓는다. 학 전체의 외곽은 징금수이다.
몸통 꼬리			띰수, 붙임수, 평수, 가름수, 징금수 몸의 비늘모양은 전체적으로 띰수하고 비늘의 세부는 삼등분한 부분을 붙임수한다. 둥근 꼬리 가운데는 가름수하며 주변테두리는 홍색실을 물고 붙임수 한다. 나머지는 사선평수이다.
어깨 날개깃			사선평수, 사뜨기수, 평수, 징금수 날개와 어깨는 사선평수하고 날개깃은 사뜨기수를 한다.
발			이음수, 평수 다리부분은 이음수로 놓고 물갈퀴부분에 자련수 기법으로 놓으며 발톱은 한번 씩 자수한다.

⑥ 구름 자수기법

〈표-9〉 구름문양 자수기법

분류	유물	복제품
구름		

기법	붙임수, 평수, 이음수, 1줄 징금수
방법	가운데 부분을 이음수기법으로 평행하게 놓고 테두리는 평수로 붙임수 한다. 외곽선은 징금수 한다.

⑦ 흉배하단 부분 자수기법

〈표-10〉 삼산, 파도, 물결, 물방울, 서각, 서보

분류	기법과 방법
유물	
복제품	

기법	이음수, 평수, 가름수, 1줄 징금수
방법	삼산은 모두 이음수로 자수하며 테두리는 연금사로 징금수 한다. 물결은 이음수법으로 자수하고 물결은 6개의 등분에서 2개씩 나누어 징금수 한다. 파도는 평수와 이음수로 수놓고 서각은 가운데 부분을 가름수하고 줄기부분은 선수로 하고 테두리부분은 붙임평수 한다. 서보는 평수로 놓고 외곽선은 연금사로 징금수 한다. 물방울은 평수로 수놓는다.

3. 보문 폐슬에 문양분석 및 자수기법

1) 보문 폐슬 문양의 의미

권우 묘 출토 폐슬은 불교식 보문을 가지고 자수^{刺繡}하였고 문양 또한 아름답다. 불교식 문양은 고귀하고 아름다운 상징을 가지고 있다. 불교식 팔보문과 불교에서 많이 쓰이는 문양을 두루 사용하였다. 각 문양별로 지닌 의미를 알아보고자 한다.

보^寶문은 도교와 불교에서 상서롭게 여기는 기물을 길상과 벽사의 의미로 쓰이는 문양이다. 두 문양이 혼재되어 사용되는 경우가 많으며 삼국시대부터 쓰인 것으로 추정된다. 조선시대에는 여러 물품에 쓰인 문양으로 사람들의 풍요로운 삶과 다복을 기원하는 의미로 쓰였다. 빙허각 이씨가 저술한 『규합총서¹⁸⁰⁹』에는 보^寶에 대해 지보^{至寶}라 말하며 보패기^{寶貝記}에서 당나라 숙종 때 유래했으며 좋은 기운을 내는 색^色과 함께 해로운 기운을 막는 벽사^{辟邪}의 의미를 가진다고 서술하고 있고 팔보^{八寶}와 칠보^{七寶}등의 의미와 종류를 설명하고 있다.[21] 『조선왕조실록』을 살펴보면 칠보와 팔보가 물품 이름에 섞여 사용되는 경우가 많다. 세종실록이나 문종실록을 예를 들면 원단 이름에 '팔보골타운암화대홍^{八寶骨朶雲暗花大紅}', '암팔보천화운홍^{暗八寶天花雲紅} 1필', '암화골타운감팔보록^{暗花骨朶雲嵌八寶綠}' 등 직물에 팔보문을 사용한 기록이 있으며 연산군 10년 6월 14일 계유년¹⁵⁰⁴ 기록을 살펴보면 '백세화칠보문사^{白細花七寶紋紗}'라는 칠보문 기록도 보인다.[22] 이는 여러 곳에 사용하기도 하였지만 조선시대 자수^{刺繡} 본과 직물에 많이 사용하였던 것으로 볼 수 있다.

전체의 구성은 아홉 개의 커다란 만초문 환^環 내부에 하단에는 연화판^{蓮花瓣} 있고 각기 다른 9개의 기문이 있어 각자의 뜻을 표현한다. 9개의 환이 합쳐진 윗부분에는 금강저문양이 있다. 전체적인 문양은 10개정도의 문양으로 보이나 작은 문양과 각 문양이 더해져 다른 뜻을 포함하기도 한다.

우선 아홉 개의 환^環은 왜 아홉 개인가? 하는 의문이다. 중국에서는 돈을 9개의 구멍을 노끈으로 꿴 것을 연전^{連錢}이라고 하는 데 여기서 구^九는 가장 큰 양수이며 최고의 길상을 나타낸다. 아홉 개의 환이 머리와 꼬리가 서로 연쇄^{連鎖} 되도록 할 경우는 '구련환^{九連環}이라고 불리며 잇달아 이어져 단절되지 않는다는 의미[23]를 가진다. 폐슬의 표현된 9개의 환은 만초문으로 환을 이루고 있으며 이는 부귀만대^{富貴萬代}와 자손만대^{子孫萬代} 라는 의미를 가진다.[24] 만초문 줄기에 달린 영지 형태의 잎은 여의^{如意} 형으로 이 문양은 인도에서 수입된 것이며 범어로는 아나율^{阿那律}이라고 한다. 승려가 설법을 할 때 손에 드는 물건인데 중국에서는 등을 긁은 도구의 모양으로 사용 된다. 이는 심^心 자의 형상과 비슷하여 뜻하는 소망을 이루는 의미와 구름과 영지버섯의 형태로 상서로운 길상의 의미를 지닌다. 환과 환이 만나는 부분에 연꽃봉우리가 있으며 이는 쇠비름^{慈姑葉} 잎과 영지모양으로 잎 위에 구름이 만나면 이는 '자선상운^{慈善祥雲}'의 뜻을 가지며 이는 모든 길상의 의미를 지닌다.[25] 중국의 옹화궁 소장의 『법물설명책^{法物說明册}』의 팔보문 설명을 기본으로 각 세부적인 문양을 표-3에서 설명하고자 한다.

---

21 빙허각 이씨 · 정양완(1975), 『규합총서』, 보진재, p 203~209
22 국사편찬위원회, 조선왕조실록, http://sillok.history.go.kr/main/main.do, [검색일11월9일]
23 노자키 세이킨(2011), 『중국미술상징사전』, 고려대학교출판부, p122
24 *Ibid*, p351~352
25 *Ibid*, p384~385

〈표 11〉 폐슬에 표현된 보문의 의미

문양이름	유물문양	의미
금강저 金剛杵		금강저杵는 본래 인도의 무기의 하나인데, 밀교에서 인간 번뇌를 지혜로써 능히 마음속에 깃든 어리석은 망상의 악마를 파멸시켜 자기 심성의 청정한 지혜 광명을 발현시키는 보리심菩提心의 상징한다.[26]
연화 蓮花		불교에서 연꽃은 '혼탁한 다섯 세계에서 벗어나 집착하고 물든 바를 없다'라는 재생의 의미다. 해탈의 경지에 이르면 연화대위에 가부좌를 하고 앉는다는 의미로 기물에 받침으로도 사용되기도 한다.[27] 송대 유학자 주돈의 『애련설』에 연꽃은 '꽃 가운데 군자'라고 일컬어지게 되며 꽃과 열매가 동시에 생장하는 식물로 연화의 연蓮과 연생連生이 동음동성이므로 연생귀자라는 길상적의미가 있는 문양이다
백개 白蓋		'삼천 세계를 고루 덮어 중생을 깨끗하게 정화하는 묘약'이라는 불교적 의미의 상징물이다. 우산모양의 덮개 형태로 나타난다. 삼천의 밝음과 일체의 낙을 두루 덮음을 상징한다.[28]
법륜 法輪		'위대한 불법이 원만하게 두루 굴러 만겁에 그침이 없다'는 불교적 의미를 담은 상징물이다. 형태는 바퀴모양이며 때로는 종이 형태로도 등장한다. 부처님의 해탈, 진실, 신성함을 상징한다.[29]
보병 寶瓶		불교의 정병은 본래 물을 담는 수병으로서 승려가 반드시 지녀야 하는 18물物중의 하나이다. 구제자救濟者를 나타내는 하나의 상징물이자 자비심을 표현하는 불·보살의 지물指物 구실을 하기도 한다.[30] 보병은 보평과 발음이 유사해 화평을 기원하는 의미도 있다.
여의 如意		모든 일이 평안하고 뜻과 같이 되기를 바라는 도안이다. 여의如意는 인도에서 전래된 것으로 설법을 할 때 드는 도구이며 중국에서는 효자손과 같이 등을 긁는 도구로 손에 닿지 않는 것을 해결해준다는 의미다. 영지버섯 형태의 상서로운 구름문양을 여의문如意紋, 여의운如意雲이라한다.[31]
법라 法螺		산스크리트 다르마 상카(dharma-sankha)를 번역한 말로 권패券貝라고도 한다. 소라의 끝 부분에 피리를 붙인 악기이다.[32] 본래 도를 닦을 때 악귀와 짐승을 쫓기 위해 사용한다. 부처의 목소리, 성스러운 물건, 왕족의 휘장揮帳.번창한 항해를 상징한다.
금어 金魚		물고기의 쌍을 이루는 것은 비목어比目魚라고 하며 두 마리가 쌍을 이루지 않으면 움직이지 않는다는 부부화합을 말하고 이는 자손번창에 뜻을 가지고 있다. 유교에서는 등용문의 상징이기도 하며 인내를 뜻하기도 한다. 물고기의 발음 어漁가 여餘와 같은 발음으로 여유로움을 상징하기도 한다.[33]
반장 盤長		불교에서는 윤회하고 순환함을 뜻한다. 창자형태의 무늬로 몇 개를 연속적으로 구성하기도 하고 2개를 중첩시키기도 하며 시작과 끝이 같음을 상징하고 장腸자와 장長자의 음이 같아 끊임없이 이어짐 혹은 장수長壽를 뜻하기도 한다.[34]
보산 寶傘		중생의 고단함을 고루 덮어줌을 말하며 우산의 형태를 하고 존경, 순수성, 위엄, 고위직과 출세를 상징한다.[35]

26 한국민족대백과사전[2016.11.10. 검색] http://terms.naver.com/
27 임영주(1986), 『전통문양자료집』, 미진사, 41.
28 문화콘텐츠닷컴, [2016. 10. 28. 검색], https://www.culturecontent.com/
29 문화콘텐츠닷컴, [2016. 10. 28. 검색], https://www.culturecontent.com/
30 왕실도서관장서각디지털아케이브, http://yoksa.aks.ac.kr/jsp/cc/View.jsp?cc10id=Z0000497
31 노자키 세이킨(2011), 『중국미술상징사전』, 고려대학교출판부, 47~48.
32 노자키 세이킨(2011), 『중국미술상징사전』, 고려대학교출판부, 47~48.
33 노자키 세이킨(2011), 『중국미술상징사전』, 고려대학교출판부, 47~48.
34 노자키 세이킨(2011), 『중국미술상징사전』, 고려대학교출판부, 47~48.
35 노자키 세이킨(2011), 『중국미술상징사전』, 고려대학교출판부, 47~48.

2) 보문 폐슬의 자수기법

권우 묘에서 출토된 보문폐슬은 지금까지 폐슬에서 볼 수 없는 자수를 이용한 문양을 가지고 있다. 자수에 사용된 수실도 융사 푼사이며 17세기 조선 자수유물에서 전체를 구성하는 용도로 융사^絨^{絲,푼사} 를 사용한 것이 특이한 점이다. 그 당시 유물이 많이 남아 있지 않지만 대부분이 진사^{眞絲,꼰사} 를 사용하는 것으로 다른 점이다. 융사는 수법의 재료 보다는 금전지나 매듭술, 매듭실에 사용한 기록들이 가례도감의궤 품목에 있다. 현재는 진사보다 융사가 더 싸고 쉽게 구입할 수 있는 실이지만 조선시대는 지금과는 차이가 있었던 것으로 추측된다. 순조기축진찬의궤에 품목기록을 보면 진사^{眞絲} , 향사^{鄕絲 36}, 융사^{絨絲} , 융모사^{絨冒絲 37} 등 꼰사, 푼사형태의 실들이 보인다. 아마도 중국에서 수입해 오던 실들이 가격적인 차이로 보아서는 품질의 차이에 따라 더 광택이 좋거나 질이 좋은 융사가 있었던 가능성이 있다. 향사^{鄕絲} 는 국내에서 제작한 명주실로 추측된다.

보존 처리 후 폐슬

권우 묘 출토 폐슬은 자수의 외곽선을 두루는 연금사와 문양안쪽을 구성하는 연금사의 굵기도 차이를 두는 등 고급스러운 자수유물이다. 이 폐슬이 중국에서 수입해온 것인지 국내에서 제작한 것인지 알 수 없으나 융사를 전반적으로 사용하는 자수 기교는 정갈하고 단아한 자수기법을 구사하고 있고 자수를 놓은 수선^{繡線} 도 정갈하다. 문양은 유교를 숭상하던 조선에서 관료가 조복에 쓰기에는 불교적 성격이 강해서 직접 사용하기보다는 보공용으로 중국에서 구입했을 가능성을 열어 둘 필요가 있다고 생각한다.

융사는 누에고치에서 뽑은 한 개의 사슬로 21사슬 합한 것이 한 올이 되는 데 이것을 합쳐 실의 굵기를 조정하는데 이는 천연의 광택과 올의 입체성을 표현하기에 좋은 실이 된다. 그러나 융사는 견고성이 진사 보다는 떨어져 손실이 많을 수 있다. 현재 유물의 상태로 추측 건데 융사의 올이 얇고 약한 특성상 손실이 많아 부피가 줄었으리라 추정된다.

수실은 여러 가지 색융사^{色絨絲} 를 사용하였을 것이라 추정되며 이는 각 면적을 나누어 놓은 면적의

---

36   송방송·조경아·송상혁·이재욱(2007), 『국역순조기축진찬의궤』,민속원, 72~73.

37   *Ibid*, 64~65.

수법의 차이와 정확한 색을 추정할 수 없으나 여러 색을 사용했을 것이라 유추할 수 있다. 만초환은 가장 굵은 실을 사용하여 수를 놓았으며 주문인 보문은 그 보다 가는 실을 사용하였다. 그리고 세밀한 부분은 더 가는 실을 사용하는 등 모두 세 종류 굵기의 실을 사용하였다. 징금사는 굵기가 다른 두 종류의 연금사를 사용하였다. 자수기법은 붙임수, 평수, 자련수, 징금수, 이음수, 매듭수가 사용 되었다. 문양의 부분을 나누어 자수기법 별로 나누어 설명하면 다음과 같다.

① 매듭수

분류	매듭수
사진	
방법	금강저 문양과 연화문양, 금어의 눈에 표현된 자수방법이며 실을 바늘에 두 번 감아 실을 뺀 옆 올 밑으로 빼는 방법이고 또아리 모양을 만들어 놓는 자수법이다. 금강저의 사각면의 상하중앙과 우 중앙에 5개씩 놓여 져 있고 좌측면만 3개이다. 연꽃 꽃술을 중심을 좌우로 6개씩 자수하였다. 매듭수의 크기는 실을 감는 횟수가 아닌 실의 굵기로 조정함을 주의하여야 한다.
특징	진사로 매듭수를 수놓은 것보다 광택감이 좋았을 것이라 추정되며 크기 또한 일정하다. 전체자수를 구성하는 문양 중 세 부분에서만 보인다.

② 이음수

분류	이음수
사진	
부분 확대	
방법	만초문양 환 9개를 이음수로 자수하고 평수로 메운 부분에 세밀한 선이 필요한 부분 표현을 얇은 반푼사로 1번 이음수 했다. 유일하게 실을 꼬아 쓴 부분이다.
특징	전체적으로 수실의 손실이 많아 실의 부피가 적어 진 것으로 보이며 차이가 많지는 않지만 환을 채우는 실의 굵기가 다른 실보다 굵은 것으로 보인다. 이는 실의 굵기 차이를 두고 작업을 한 것이다. 수를 놓는 방향으로 실을 물고 가는 방법이며 1~2㎜ 실을 물고 갔으며 보통 이음수를 앞 수실의 굵기 조절을 위해 옆으로 두는 것과는 차이가 있다.

③ 평수, 붙임수

분류	평수, 붙임수

사진

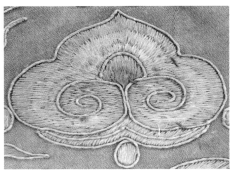 

부분 확대

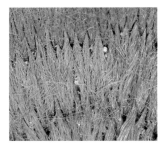  

방법

도안의 부분면적을 채우는 수법으로 평수를 놓은 후 윗수실의 끝을 물고 가는 붙임수법을 사용하였다. 이 유물에 가장 많이 쓰인 수법이며 부분도안의 면적을 2~4개 정도로 분할하여 각기 다른 색으로 자수한 것으로 관찰된다. 연꽃은 상하좌우의 수실방향을 꽃의 중심으로 향하여 수놓는다. 작은 면적은 평수, 사선평수 하였다. 실제로 겹수인지 홑수인지 추정하기 어렵지만 홑수기법을 사용 하였을 때 실의 엉킴을 잡아주고 손상을 적게 하는 효과가 있다.
사선평수를 사용하여 얇게 도안되어 있는 부분은 자수 놓았으며 문양에 따라 사선평수로 붙임수를 하여 면을 채우는 경우도 관찰된다.

특징

융사의 손실이 되어 실이 부피가 작아져서 바늘땀이 들어간 자리를 쉽게 볼 수 있다. 색의 조합에 맞게 면적분할을 하고 각 도안의 특징에 맞게 수실의 방향성을 두었다. 불교식 자수에는 자릿수나 느낌수 기법을 이용하여 연꽃을 표현하는 경우가 많으나 이 유물에서는 전체적으로 평수와 붙임수 기법을 이용해 면적을 채우고 색을 표현하는 방식을 사용하였다. 자수일부에 자릿수와 자련수기법의 중간단계정도의 자수가 약간씩 관찰되기도 한다. 현재는 실의 손실로 부피감이 적어 보이지만 유물 제작 당시에는 입체감이 있는 자수였을 가능성이 크다.

④ 징금수

분류	징금수
사진	
부분 확대	
방법	굵기가 다른 2종류의 연금사를 사용하였고 외곽을 두르는 연금사는 약 0.8㎜의 굵기이며 얇은 금사는 약 0.4㎜로 금사의 굵기 차이가 있다. 전체 외곽은 굵은 금사를 1줄 놓고 징그는 방법으로 징그는 간격은 3~4㎜ 간격으로 일정하게 징궈 주었다. 여의형(如意形) 운문의 상단의 실구름은 연금사 두 줄을 합쳐 두 줄 징금수 하였고 금강저 꽃문양 가운데 꽃술의 외곽은 꽃잎과 닿는 부분에서 굵은 연금사와 얇은 연금사를 합해 두 줄 징금 하였고 두 번째 금사는 굵은 1줄의 금사로 둘렀으며 가운데 부분의 원은 얇은 금사로 징금수 하였다. 금어문의 몸통 비늘 부분은 얇은 금사로 징금하고 외곽은 굵은 금사로 징금 하였으며 지느러미는 얇은 금사로 징금수 하였다. 징금수 한 수실은 약 0.1㎜의 굵기의 진사이다.
특징	연금사 종류를 두 종류로 쓰고 있으며 연금사의 굵기를 각 문양에 맞게 조절하여 자수하였고 징금한 수실의 간격이 매우 일정하다. 연금사가 교차하는 부분과 방향을 바꿔 주는 부분이 정교하며 평수한 부분위에 연금사를 징금수 하여 입체감을 표현하기도 한다. 세밀한 부분까지 표현한 정교한 자수기교를 구사하였다. 징금수하고 끝처리를 보통은 연금사를 밑으로 빼는 것이 대부분이며 이 유물은 징금 한 일부 끝 처리를 위에서 절단한 것이 보인다. 손상된 부분이라고 하기에는 징금한 실을 여러 번 한 것이 보이며 아마도 위에서 절단하였을 가능성이 있다.

3) 권우묘 출토 보문 폐슬 자수본과 복제품[38]

구성: 겹

소재: 무문능

크기: 가로 33cm, 세로 51.5cm, 고리높이 6.5cm, 너비 1.5cm

복제품 도안과 크기   복제품

복제품의 구성 및 바느질

 붉은 색의 무문능을 겹으로 바느질 한 후 3개의 고리를 단다. 각 고리의 너비 1.5cm로 길이 13cm를 반으로 접어 폐슬 윗부분에서 0.4cm에 내려 시접을 보이지 않게 접어 박음질하였다. 자수한 폐슬은 뒷부분에 같은 무문능을 대고 겹 바느질하고 폐슬 윗선을 삼등분한 부분에 3개의 고리를 달아준다. 유물에 자수 부분은 가로 28.7cm의 중심선에서 11.6cm 내려온 부분에 금강저 문양을 수繡 놓았다 금강저문양은 가로 12cm×세로 8.6cm 안의 중심선에 도안한다. 금강저에서 3.2cm 내려온 부분에서 9개의 만초보문 환을 수놓고 그 환안에 9가지의 불교식 보문문양을 수繡하였다.

---

4. 노사후수의 문양분석과 자수기법

1) 권우 묘 출토 노사鷺鷥 후수의 문양과 형태비교

권우의 묘에서 출토된 후수는 현재까지 발표된 조복에 착용된 후수後綬 유물 중 처음으로 발표 되는 노사鷺鷥 문양을 가진 후수이다. 후수는 조복의 허리 뒤에 늘어뜨리는 장식물인데 초기에는 끈에 꿰어 허리에 둘렀으나 말기에는 대대에 꿰매어 사용하였다. 2품 이상은 4색황·녹·적·자, 4~6품은 3색황·녹·적, 7품 이하는 2색황·녹 실로 운학雲鶴, 반조盤鵰, 연작練鵲, 계칙鸂鶒 등의 무늬를 짜고 금환1·2품이나 은환3·4품, 동환5품 이하을 장식하고 맨 끝에는 청사망을 짜서 늘어뜨린다고 하였다. 17세기 후수 유물에는 문양이 전혀 없는 것도 있고 노사나 운학雲鶴 2쌍을 수놓은 경우도 볼 수 있다. 18세기 이후에는 운학 문양만을 사용하였다.[39] 앞글의 후수를 소개하는 안동대학교 이은주 교수에 따르면 아직 발표는 되지 않은 노사후수가 있는 것으로 추측된다. 그러나 이번 경기도 박물관에서 처음 선 보이는 권우 묘 출토 노사후수가 현재까지 발표된 후수 중에 노사 문양을 가진 최초의 유물로 추정 할 수 있다.

노사는 백로白鷺 또는 순 우리말로는 해오라기라고 불리며 희고 깨끗하여 학과 같이 청렴한 선비를 상징한다.[40] 여름이면 사모絲毛 라고 하는 관우와 가슴에 장식깃이 생겼다가 겨울이면 없어지는 데 보통은 한두 가닥 또는 여러 가닥의 사모가 있는 모습으로 묘사가 된다. 고려대학교 소장의 17세기 유물로 추정되는 자수 노사 흉배에는 여름철 사모가 있는 노사의 모습이 있다. 이 유물은 비슷한 시기의 권우의 노사 후수에 표현된 노사와 흡사한 모습이다. 솟은 어깨, 뾰족한 날개깃, 둥근 머리, 비늘모양몸통 등 사모까지 흡사한 모습을 지녔다. 17세기 청나라의 흉배에 나타난 날짐승과도 비슷한 형태이다.

노사는 본래 중국 문관 6품 흉배의 사용되는 날짐승이며 조선에서는 공식적으로 관료가 착용한 기록은 없다. 현재까지 우리나라에서 가장 이른 시기의 노사흉배는 파평 윤씨?~1566의 묘에서 출토된 노사흉배이다. 이는 연산군 이후 품계의 범위가 확대되었기 때문에 노사흉배를 착용한 것으로 추측된다.[41] 출토된 흉배나 후수에 나타난 색으로는 색상의 확인이 어려우나 초상화에 보이는 모습과 17세기 중국 흉배에서 나타나는 색으로 추정 하였을 때 몸통과 날개는 흰색일 가능성이 있고 다리는 청색으로 나타난다. 그러나 17세기 청나라의 노사 흉배의 모습을 보면 꼭 노사가 흰색이 아닌 엷은 홍색으로 표현되는 경우도 있다. 17세기 관료의 후수에 사용된 문양은 운학을 주문으로 하는 경우가 많다. 물론 직금으로 하는 경우도 신경유 유물을 통해 알 수 있지만 이 시기의 자수후수에 나타난 운학은 서로 마주보고 춤을 추는 '쌍학대무雙鶴對舞' 형식도 있고 2쌍의 학을 나열하는 방식이 있으며 주문을 표현하고 바탕에 대부분 운문을 사용하지만 17세기 초에는 흉배와 비슷하게 모란 문양과 운문을 같이 넣는 경우도 있다. 소화문小花紋 과 환을 연결하는 문양을 기본문양으로 한다.

권우의 후수와 비슷한 구성을 가진 후수는 1982년에 출토된 진창군 류정량1597~1663의 후수에 대한 보고서를 살펴보면 후수 유물 2점의 도상[42]을 볼 수 있고 학의 나열방식이 2종류로 다른 도상을 볼 수 있다. 17세기로 추정되는 국가무형문화재 자수장 한상수 선생님 소장의 후수에도 권우의 후수와 거의 흡사한 구성을 가진 운학 후수가 있다. 다른 유물에 표현된 운학들의 모양도 권우의 후수에 주문

---

39 이은주(2012), 문무백관의 조복과 제복, 한국문화재재단.

40 이은주(2007), 날짐승흉배의 감정(鑑定)을 위한 기준 설정, 한복문화학회, 172.

41 *Ibid, 172.*

42 유희경(1984), 後綬小鼓(진창군 유정량의 유물에 붙여서), 韓國服食學會 제8권,12월. 11일.

인 노사와도 흡사한 형태와 모양을 가지고 있다. 17세기에 권우의 후수와 비슷한 쌍학대무형식의 후수를 표-1에서 비교한다.

〈표-1〉 17세기 후수 비교

권우의 후수	한상수소장의 운학 후수	류정량 운학 후수[43]
1675년	17세기로 추정	1663

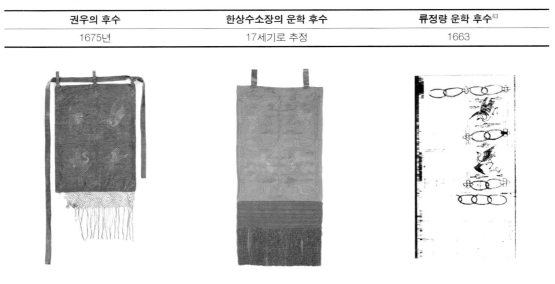

권우의 후수에 묘사된 노사의 형태적 특징을 살펴보려면 17세기의 흉배에 표현된 노사의 형태를 비교 분석하는 것이 좋을 것이다. 그 시기의 조선의 흉배에 나타난 날짐승들의 형태가 솟은 어깨와 큰 머리, 짧은 목, 몸통의 비늘표현 등이 잘 보이지 않지만 1644년 명나라의 명망과 함께 청나라의 영향을 받은 흉배는 청나라의 날짐승흉배와 흡사한 모양으로 표현되는 것으로 추정된다. 아마도 새로운 문물을 받아들이는 유행의 형태가 아닐까 하는 추측도 된다.

노사문양은 권우의 후수의 표현된 것과 고려대학교 소장 노사 흉배와 청나라 노사 흉배에 표현된 노사문양을 비교하면 표-2와 같다.

〈표-2〉 노사문양 비교

분류	청나라 노사흉배[45]	고려대박물관소장 노사흉배[44]	권우 노사후수
노사			
시기	1675	17세기	17세기

표-2 의 노사의 문양을 잘 살펴보면 머리가 둥글고 크며 목은 짧고 날개깃은 날카로운 모양을 가지고 있으며 몸은 물고기 비늘 모양을 가진 특징이 서로 비슷한 모습으로 보인다. 물론 사모는 1개에서 2개정도로 차이가 있지만 전체적인 모습은 비슷한 형태로 보여 진다. 17세기 청나라에서 신분을

표현하는데 사용되었던 날짐승의 형태가 조선에 영향을 일부 미쳤을 것으로 추정 할 수 있다.

2) 노사 후수에 사용된 자수刺繡기법

권우 묘에서 출토된 조복 일습 중 하나인 노사후수에 구성 되어진 자수는 함께 출토된 자수 유물과는 다르게 거친 모습이 관찰된다. 자수기법 또한 많은 기법을 사용하지 않고 간단한 기법을 사용하여 면을 채우는 형식이다. 사용된 자수법은 평수, 자련수, 사뜨기수, 이음수, 징금수기법을 사용하였다. 실의 굵기는 약 18합사의 진사를 사용 하였으며 여러 색사를 사용한 것으로 추정 된다. 연금사는 약 0.1㎜의 굵기로 문양의 외곽을 두루는 용도로 사용하였다. 이 후수의 자수적 특징은 날개깃과 주둥이에 사뜨기를 사용한 것이며 몸통을 전체적으로 자련수로 메우고 징금수로 비늘 모양을 직접 면적 분할을 하였다. 각 문양에 사용된 자수기법에 따라 분류하면 다음과 같다.

① 평수

분류	평수		
사진			
방법	기둥 부분과 환 모양 고리는 사선평수로 면을 메우고 구름은 붙임평수와 띔수한 평수기법을 사용하였고 노사의 얼굴 부분과 눈은 붙임평수 하였다. 노사의 꼬리 부분도 평수하고 그 위에 징금수로 면을 나누었다.		
특징	붙임 평수란 실과 실을 살짝 겹치게 놓는 방법으로 면을 부드럽게 연결시키는 효과가 있다. 유물의 손상으로 실의 상태가 좋지 않음을 감안해도 다른 두 점의 자수 유물 보다는 기교가 소박하다.		

43 유희경(1984), 後綬小鼓(진창군 유정량의 유물에 붙여서), 韓國服食學會 제8권,12월, 11.
44 Hong Kong Museum of Art(1995), 『錦繡羅衣巧天工』, Hong Kong:Urban Council of Hong Kong, 295.
45 한상수(1974), 『朝鮮時代의 繡 胸背』, 繡林苑, 67.

② 이음수

분류	이음수
사진	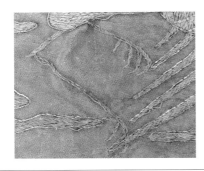 
방법	노사의 다리와 발가락 부분을 크게 이음수 하였으며 노사의 머리와 공막이 연결되어 수를 놓았다. 수를 메운 곳에 동그란 눈가를 이음수로 자수하였다.
특징	다리의 허벅지 부분과 종아리 부분이 나누어지는 곳에서 실을 눌러주는 평수를 2~3번 놓았다. 이는 마디를 표현하기도 하지만 방향을 바꾸고 실을 눌러주는 역할을 하는 것으로 보인다. 눈동자를 둘러싼 공막(흰자)을 보면 머리 부분과 실이 연결되어 있는 것을 볼 수 있다. 그는 같은 색을 사용 하였다는 것이며 노사의 색으로 흰색을 사용하였다는 중요한 단서이다.

③ 자련수

분류	자련수
사진	
방법	몸통과 날개, 머리, 뭉뚝한 꼬리, 부분을 합해 큰 면적으로 자련수 하였다. 자련수는 수실을 길고 짧게 길이를 정확히 반복하는 것과 길고 짧은 땀을 자유롭게 놓는 것이 있다. 노사를 메우는 자련수는 자유스러운 자련수를 쓰고 있으며 면을 나누지 않고 크게 메우는 방법을 사용 하였다. 날개 부분이나 몸통의 비늘 모양은 징금수로 선을 표현 하였다.
특징	면을 메우고 그 위에 자수로 세부면적을 표시하는 경우는 정확하고 세밀한 도안을 표현하기 힘들다. 이는 고급스러운 기법은 아니며 빠른 시간에 수를 놓는 경우 사용된다.

④ 사뜨기수

분류	사뜨기수
사진	
방법	날개깃과 노사의 부리에 사뜨기기법으로 사용하였다. 날개의 뾰족한 부분을 표현하기 좋은 수법이며 머리를 땋은 것처럼 보이고 이 기법으로 수놓는 경우는 입체감이 생긴다.
특징	17세기 청나라 날짐승흉배에 많이 나타나는 수법으로 대부분 날개깃이나 부리에 사용된다. 이 자수기법으로 유추하자면 청나라의 영향을 받은 것으로 추정 할 수 있다.

⑤ 징금수

분류	징금수
사진	
방법	노사의 몸통과 비늘부분은 한 줄의 연금사로 징궈 주며 세부 면적을 만든다. 선과 선이 겹쳐지는 부분은 두 줄의 금사로 서로 합해져 두 줄 징금수가 된다. 기둥의 중심은 두 줄 징금하고 외곽은 한 줄 징금수 한다. 노사의 사모 부분은 두 줄 징금수 한다. 여러 문양의 외곽은 모두 한 줄의 연금사로 징금수 한다.
특징	도안의 선을 따라 연금사를 징궈 주는 것이 아니고 연금사로 선을 만들어 문양의 선을 표현한다. 전체적으로 부드러운 곡선의 표현이 어색하고 소박하다.

3) 권우 묘 출토 노사鷺鷥 후수後綬 자수본과 복제품[46]

구성: 겹

소재: 운문단

크기: 가로33cm, 세로 45cm, 청망세로 21.5, 끈-가로 세로 2.2cm, 가로 167cm

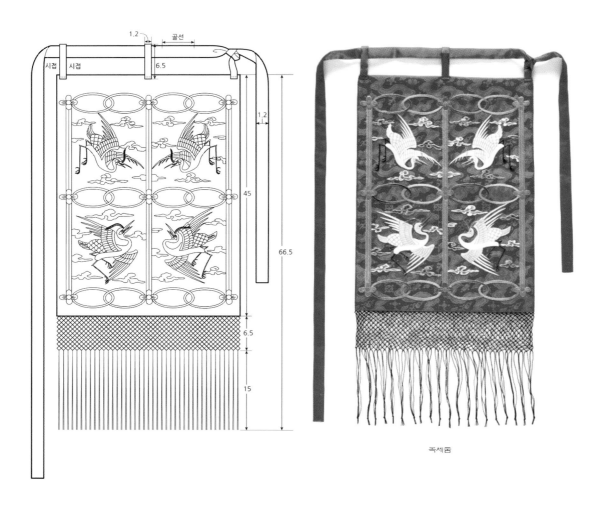

쪽세품

복제품의 구성 및 바느질

자수한 후 홍색(紅色) 운문단(雲紋緞)을 겹으로 가로 45cm 세로 33cm로 겹 바느질한다. 고리는 윗선 삼등분부분에 부착한다. 고리는 긴 끈을 겹으로 바느질 한 후 반으로 접어 가로 1.5cm, 세로 6.5cm로 완성한다. 고리는 고름을 달듯이 박음질 한 후 0.4cm 내려간 부분을 다시 박음질한다. 끈은 완성선 세로 2.2cm, 가로 167cm로 겹 바느질 하여 뒤집고 고리에 끼워 오른쪽 부분은 움직이지 않게 한 번 메어준다. 후수에 끝에는 21.5cm의 청망을 엮어 부착한다. 푸른색 좌연사를 사용하여 위쪽 망은 6.5cm로 44개의 바늘땀을 각기 엮어 성근 망 형태로 하고 아래쪽 술은 15cm길이로 내려서 4줄씩 끝부분을 매듭 한다.

---

4. 결론

　　안동권씨 충숙공파 권우權堣,1610~1675 는 17세기 후기의 문신이다. 여러 벼슬을 거치면서 아마도 청나라의 문물을 쉽게 받아들일 수 있는 직책을 가지고 있었던 것으로 유추되며 그의 묘에서 출토된 자수유물은 청나라의 영향을 받았던 것으로 추정된다. 현재까지 발견되거나 출토된 17세기 자수유물이 많지 않아 전통자수연구에 어려움이 많았다. 권우 묘에서 다수의 의복과 함께 출토된 3점의 자수유물은 17세기 의복에 착용한 자수유물로 그 시대의 자수의 실증적인 자료이다. 이 3종의 자수유물의 연구를 통한 결론은 다음과 같다.

　　권우가 습의용 단령에 착용한 운학흉배는 운학흉배와 공작흉배가 공존하던 혼란한 시기에 지금까지 보아온 운학의 형태와는 조금 다른 모습을 보여주는 유물로 새로운 가치를 지닌다. 권우가 착용한 운학흉배를 분석하고 복제품을 재현하면서 17세기 권우운학흉배에 사용된 자수기법을 분석하였다. 그 결과는 다음과 같다.

　　첫째, 운학흉배는 방형으로 배접과 뒷지가 없는 홑 형태로 단령에 부착되어 있었다.

　　둘째, 권우 흉배에 나타난 학은 머리에 홍정이 없고 목선의 검은 선이 없으며 물갈퀴가 있는 홍학이다.

　　셋째, 17세기 청나라에 사용된 흉배의 날짐승과 비슷한 형태의 학 문양으로 어깨가 솟은 형태이고 몸통은 비늘문양으로 각 비늘을 세분화하고 색을 분화한 특징이 있으며 발에 물갈퀴가 있다.

　　셋째, 구름은 여의형으로 꼬리가 세 개인 구름과 한 개인 구름이 있고 전체바탕에 드문 구름으로 비슷한 시기의 청나라에서 쓰는 구성으로 추정된다.

　　넷째, 자수의 구성적 특징은 전체적으로 홑수를 기본수법으로 하였고 날개깃의 사뜨기수 기법은 겹수이다.

　　다섯째, 흉배를 구성하는 자수 기법은 붙임수, 땀수, 이음수, 평수, 징금수, 사뜨기수, 자련수, 가름수 등이 사용되었고 주문양의 면을 메우는 자수기법으로는 주로 이음수를 사용하였으며 날개깃에 사뜨기수를 자수하였다.

　　여섯째, 흉배에 사용 된 색은 17세기 청나라의 날짐승흉배와 조선의 운학흉배를 참고하여 추정하였다.

　　권우의 조복 일습 중 폐슬과 후수에 대한 문양과 자수기법의 연구결과는 다음과 같다.

　　첫째, 현재까지의 폐슬 유물 중 문양이 있는 것으로 유일하다. 폐슬의 문양은 불교적 의미가 있는 10개의 보문으로 유교 국가인 조선의 관료가 불교식 문양이 있는 폐슬을 사용하였다는 것은 가능한 일이 아닐 것이고 그렇다면 그가 생존에 착용하지 않았을 가능성이 많다. 폐슬에 사용된 문양을 분석하면 전체적으로 불교식 보문을 사용하였고 그 당시 중국과 조선에서 사용하던 불교식 문양일 가능성이 많다. 이는 그가 생전에 중국과 교류가 있었던 것으로 보아 중국에서 구입해 왔을 가능성도 추정해 볼 수 있다.

　　둘째, 조선후기 유물 중 융사뚫사를 사용한 보기 드문 유물이다. 수실의 손실이 적었다면 매우 입체감이 있는 자수였을 가능성이 많다. 자수기법은 간략하나 매우 정교하고 세밀한 자수기법을 구사하였고 연금사의 종류를 달리하여 세밀한 부분까지 표현하는 자수기교를 사용하였다.

　　셋째, 굵기가 다른 연금사를 사용해서 각 문양의 외곽을 두루는 징금수를 할 때 문양의 특성에 맞게 굵기의 차이를 두어 세밀한 표현을 하였다.

넷째, 권우 묘 출토 조복 일습 중 노사후수는 우리나라에서 처음 발표되는 노사 후수로서 가치를 가진다. 17세기 후수의 특징인 폐슬과 함께 끈을 꿰서 쓰는 구성으로 붉은 운문단에 노사 2쌍을 자수 놓은 형식이다. 노사는 그 시기의 운학 후수와 같이 '쌍학대무' 구성으로 2쌍의 노사가 마주보며 춤을 추는 형태로 표현되었다.

다섯째, 노사의 문양은 17세기 청의 영향을 받은 형식으로 큰머리, 솟은 어깨, 비늘형 몸통, 뾰족한 날개깃모양을 가지고 있다.

여섯째, 노사후수는 세부적인 면적을 표현하는 자수기법을 사용하지 않고 거칠고 힘찬 자수기법을 사용하여 소박하고 남성적인 자수기법을 표현하였다. 날개깃에 사용된 사뜨기수법은 17세기 청나라의 날짐승흉배에 사용된 자수기법과 동일한 것으로 보아 청의 영향을 받은 것으로 추정 할 수 있다.

현재까지 문·무관의 흉배는 많은 연구가 이루어졌으나 자수로 흉배를 재현하는 작가들이 정밀한 연구를 토대로 자수흉배를 제작하는 경우는 드물었다. 자수유물에 대한 조사보고서가 많지 않아 전통자수 연구가 조선후기 유물재현이나 복제에 머물러 있었기 때문일 것이다. 이상과 같은 연구 자료를 통해 올바른 자수 명칭과 자수기법, 문양들에 대해 새로운 관심을 갖게 되는 계기가 되길 기대하며 작게나마 유익한 자료가 되었으면 하는 바람이다.

폐슬의 문양이 있는 경우는 이번에 처음 발표되는 것으로 그 가치를 지닌다. 융사로 수를 놓은 불교식 문양을 가졌으며 정교한 자수기법으로 조선시대 관료의 복식사에 새로운 양상을 보여줄 것이다. 조선말기에 관료의 조복에 착용한 운학후수는 대대에 연결되어 있고 학의 모양도 나열 형식의 표현을 한 후수로 많이 볼 수 있었다. 그러나 17세기의 후수 유물은 흔하게 볼 수 없으며 자수로 표현된 후수는 몇 점만이 있는데 거의 운학 후수이다. 권우 묘 출토 노사 후수는 자수기법으로서의 가치보다는 최초의 노사 후수로 조선의 관료가 공식적으로 착용한 기록은 없으나 흉배 뿐 아니라 후수에도 노사문양이 사용되었던 것으로 유추할 수 있다.

권우의 묘에서 출토된 폐슬과 노사후수는 조선시대 복식 중 조복에 착용하는 일습에서 문양이 있는 폐슬과 노사 후수가 존재한다는 의미로 충분한 가치를 가진다고 할 수 있다. 이 연구를 통해 조선시대 폐슬과 후수 연구에 조금이나마 도움이 되는 계기가 되길 기원한다.

참고문헌

국립고궁박물관(2013), 『왕실문화도감 조선왕실복식』

노자키 세이킨·변영섭·안영길(2011), 『중국미술상징사전』, 고려대학교출판부.

단국대학교 석주선기념박물관(2008), 『정사공신 신경유공묘출토 복식』, 단국대학교출판부.

손경숙(2010), 『자수 아름다운 전통』, 미진사.

유희경(1984), 後綬小鼓(진창군 유정량의 유물에 붙어서), 韓國服食學會 제8권, 12월.

이은주(2012), 문무백관의 조복과 제복, 한국문화재재단.

이은주(2007), 날짐승흉배의 감정(鑑定)을 위한 기준 설정, 韓服文化10(3).

이은주·조효숙·하명은(2005), 『길짐승흉배와 함께하는 17세기의 무관 옷 이야기』, 민속원.

한상수(1974), 『朝鮮時代의 繡 胸背』, 繡林苑.

빙허각 이씨·정양완(역주)(1975), 『규합총서』, 보진재.

송방송·조경아·송상혁·이재욱(2007), 『국역순조기축진찬의궤』, 민속원.

임영주(2004), 『한국의 전통문양』, 대원사.

임영주(1986), 『전통문양자료집』, 미진사.

최연우(2015), 조선후기 관원 조복의 구성과 형태 연구, 한복문화학회18(3).

Hong Kong Museum of Art(1995), 『錦繡羅衣巧天工』, Hong Kong:Urban Council of Hong Kong.

장정윤(2003), 조선시대 문무백관 조복에 관한 연구, 단국대학교 석사학위논문.

하명은(2004), 조선시대 문관 흉배의 조형성에 관한 연구, 안동대학교대학원 석사학위논문.

김연미(2011), 조선시대 자수 흉배 연구-출토유물을 중심으로-, 단국대학교 석사학위논문.

송수진(2012), 한국과 중국의 흉배연구, 이화여자대학교대학원 석사학위논문.

이승희(2005), 전통자수 표현기법 연구, 명지대학교 석사학위논문.

오마이뉴스, http://www.ohmynews.com/NWS_Web/view/at_pg.aspx?CNTN_CD=A0000889133,

위키백과, https://ko.wikipedia.org/wiki/%EA%B9%80%EC%9C%A1

이환곤, http://leehg0413.tistory.com/entry/

문화재청, 문화재검색, http://www.cha.go.kr/cha/idx/Index.do?mn=NS_01,

한국민족대백과사전, https://encykorea.aks.ac.kr/

국사편찬위원회, 조선왕조실록, http://sillok.history.go.kr/main/main.do

왕실도서관장서각디지털아케이브, http://yoksa.aks.ac.kr/jsp/cc/View.jsp?cc10id=Z0000497

문화콘텐츠닷컴, https://www.culturecontent.com/

한국민족대백과사전 http://terms.naver.com

1

2

1. 포스터
2. 배너
3. 초대장
4. 리플렛
5. 현수막
6. 미니달력
7. 활동지

3

4

5

6

7

한국복식문화연구총서 10

조선의 옷매무새 VI
의문의 조선 (옷)

초판 1쇄 발행 2016년 12월 30일
초판 2쇄 발행 2017년 11월 30일

엮은이 경기도박물관
펴낸이 홍기원

총괄 홍종화
주간 박호원
편집 · 디자인 오경희 · 조정화 · 오성현 · 신나래
　　　　　　　김윤희 · 이상재 · 김혜연 · 이상민
관리 박정대 · 최기엽

펴낸곳 민속원
출판등록 제18-1호
주소 서울시 마포구 토정로 25길 41(대흥동 337-25)
전화 02) 804-3320, 805-3320, 806-3320(代)
팩스 02) 802-3346
이메일 minsok1@chollian.net, minsokwon@naver.com
홈페이지 www.minsokwon.com

ISBN 978-89-285-0973-7 93380